퇴계의 인성교육

퇴계의 인성교육

초판 발행 2015년 12월 31일
초판 3쇄 2017년 8월 25일

지은이 이동기
디자인 정재완
펴낸이 노석균
펴낸곳 영남대학교출판부

출판등록 1975년 9월 5일 경산 제16-1호
주소 경북 경산시 대학로 280
전화 053) 810-1801~3 | FAX 053) 810-4722
홈페이지 book.yu.ac.kr

ISBN 978-89-7581-518-8 93370
·값은 표지 뒷면에 있습니다.
·잘못 만들어진 책은 바꾸어 드립니다.

퇴계의 인성교육

이동기 지음

영남대학교출판부

머리말

최근 몇 해 동안 저자는 인성교육에 관심을 많이 가졌고, 『사람됨의 길은 예절이다』(2013, 보고사)라는 책을 출판했다. 그리고 이 책은 저자가 인성교육에 관심을 가진 이후에 얻은 두 번째 결과물이다. 향후 인성교육에 대한 세번째 결과물도 준비하고 있다.

이처럼 저자가 특별하게 인성교육에 관심을 두는 이유는 '삶과 앎의 괴리' 때문이다. 전통교육은 삶의 과정에서 앎을 추구하는 것을 통해 '사람됨의 길'을 실천하는 것이 핵심이었다. 따라서 삶과 앎은 하나이며 분리할 수 없는 불가분의 관계였다. 그러나 현대교육은 삶과 앎을 분리하여 '살아가는 것'과 '아는 것'을 별개로 인식하고 있다. 이런 까닭으로 세계에서 가장 높은 대학 진학률에도 불구하고, 사회 병리적 행동과 범죄는 감소되지 않고 있다. 오히려 사회지도층의 도덕적 해이와 청소년의 일탈 행위는 나날이 심화되고 있다. 이런 사회적 문제를 치유하기 위한 방법으로, '성숙인격'을 지향하는 전통의 인성교육이 그 대안이 될 수 있다. 그래서 저자는 퇴계의 인성교육을 탐구하였고, 그 산물이 바로 이 책이다.

이 책을 집필하면서 저자는 퇴계의 삶과 학문을 탐구하려는 이들을 위해 가능하면 퇴계의 학문과 삶을 이해하기 쉽게 설명하려고 노력했다. 퇴계의 진솔했던 삶의 모습들을 소개하는 것이 퇴계를 정확하게 이해할 수 있는 첩경捷徑이라 생각하고, 『퇴계선생연보』를 중심으로 퇴계의 삶과 앎을 논의했다. 퇴계가 어떤 삶을 살아왔고, 어떻게 학문하였는지를 다각도로 살펴보았기 때문에 퇴계의 삶과 앎의 본질적 특성을 발견할 수 있을 것이다.

인성교육과 관련된 내용은 이미 저자가 여러 차례에 걸쳐 연구한 연구결과에 바탕을 두었고, 『퇴계선생언행록』을 중심으로 고찰했다. 이 책에 실린 글은 1장과 2장을 제외하면 모두 학술지에 발표된 글이다. 그러나 '퇴계'라는 관심의 지향성이 온전히 담긴 글이기 때문에 저어한 마음으로 상재上梓한다. 퇴계를 공부하는 교육동인敎育同人의 질정과 고언을 기대한다.

이 책을 출판하는데 있어 고마운 분에게 감사의 인사로 머리말을 갈음한다. 우선 여러 편의 논문을 학술지에 게재해 주신 동아인문학회 임원진께 감사드리며, 영남대출판부 이종백 행정실장과 출판관계자께 고마운 마음을 전한다. 그리고 공부하는 나를 만나 항상 헌신하는 아내와 문환·문열·문희에게 이 책을 선물한다.

2015. 12. 17.

삼가 씀

차례

제1장 인성교육의 의미와 필요성

1. 인성교육의 의미

지식과 행동의 괴리

한국사회가 산업사회를 걸쳐 정보화 시대에 진입하면서 사람들은 인간관계에 있어 심각한 소외를 경험하고 있으며, 그것으로 말미암아 극단적인 방법으로 문제를 해결하고 있다. 또한 사회 저변에 뿌리박고 있는 비정상의 관행과 폐습은 우리 모두에게 큰 충격을 주었다. 이런 현상들은 분명히 반인륜적 행위이며, 비도덕적 행동이다. 또한 우리 사회의 본질적인 문제와 구조적인 치부의 노출이며, 사회 전반에 만연되어 있는 잘못된 관행에 대한 일종의 경고이기도 하다. 우리는 이런 사회 병리적 행동의 발생 요인을 여러 측면에서 다양하게 설명할 수 있지만, 저자는 급격한 사회변화에 따른 규범과 가치의 혼란, 그리고 지식과 행동의 괴리에서 연유한 것으로 생각한다.

현대사회는 정신적 가치보다는 물질적 가치를 더욱 중요시하고, 인간 심성에 관한 형이상학적 지식보다는 현실 생활에 관한 형이하학적인 지식을 우선시한다. 즉 인간 생활의 도덕 윤리적인 규범과 가치를 무시하고, 사회생활의 효용적인 정보와 기술지식을 요구하고 있다. 이러한 사회현상은 우리들에게 가치관의 혼란을 초래하였으며, 교육에 대한 본질적인 생각마저 변하게 했다.

전통적으로는 지식과 행동, 그리고 학문과 인격이 밀접한 관계를 가지는 것으로 보았다. 삶과 앎이 하나였다. "앎은 삶에서 나타난 삶의 하나의 표현이며 삶을 위해서 있고 늘 삶을 지향하고 있다."[1]는 것이 전통적인 앎과 삶의 관계였다. 예컨대, 전통교육은 삶 속에서 앎을 추구하여 사람다움을 배우는 것이 핵심이었다. 이것이 바로 인성교육이었다. 유학 경전을 강독하고 암기하는 것은 인성교육을 위한 하나의 방편이었다. 궁극적으로 전통교육은 만물과 세상의 이치를 배우고, 사람의 도리를 깨우치는 공부였다.

그러나 오늘날에 있어 지식과 행동은 별개이며, 학문과 인격은 괴리되어 있다. 삶과 앎의 분리를 우리는 경험하고 있다. 더욱이 현재의 학교교육은 입시를 위한 지식만을 강조하여 인성교육이나 가치교육을 등한시하고 있다. 인성교육의 부재는 청소년들의 사회 병리적 행동을 야기하여 학교폭력이나 비행, 그리고 사회의 반인륜적 범죄 같은 사회문제로 나타나고 있다. 사회 병리적 행동과 범죄를 치유하는 방법은 결국 인성교육에서 찾아야 한다.

한편, 퇴계 이황退溪 李滉: 1501~1570은 조선시대의 대표적인 성리철학자性理哲學者이며 교육자였다. 특히 퇴계는 "성리학적 인간형성의 궁극적인 목표인 구인성덕求仁成德"[2]을 교육적 가능성으로 삼았다. 그리고 퇴계는 우주만물의 이치를 배우고 사람의 도리를 깨우치는 교육을 강조하였을 뿐만 아니라 스스로 실천한 성숙인격자였다. 퇴계가 강조한 '사람됨'의 인간형성과 도리를 깨우치는 것은 바로 인성교육이었다.

퇴계의 인성교육을 이해하는 것은 퇴계의 삶을 파악하는 것과 일맥상통한다. "철학의 대상으로서 삶은 딱딱하게 굳은 고정적인 '존재'das Sein가 아니고 생동적인 '생성'das Werden[3]을 의미한다." 여기의 설명에 따르면, 철학은 생동적인 삶의 이해를 전제로 한다고 보았다. 그리고 퇴계를 어떻게 이해하느냐의 문제는 그의 철학과 교육사상을 이해하는 데에 있어 매우 중요하다. 왜냐하면 교육은 인간이해에 기초하고, 일정한 인간상을 지향하기 때문이다. 즉 퇴계에 대한 이해는 퇴계사상의 내적 구조를 발견하는 하나의 단서이다.

그리고 퇴계의 인성교육은 그 자신의 삶 속에 융화되고 실천된 도덕적 결정체이며, 이는 성리공부에서 출발하여 심성공부로 귀결되었다. 즉 심성공부는 마음공부이며 인성교육이었다. 인성교육은 정신적인 차원에서 마음으로 이루어지는 의미와 가치에 대한 구체적인 교섭이며, 초월적인 자아의식에 대한 각성이다.

퇴계의 인성교육에 관한 내용은 『성학십도』, 『자성록』, 『퇴계선생언행록』[4]등에서 구체적으로 발견할 수 있다. 『성학십도』는 "경의 수양론이 시작부터 끝까지 자신의 학문 체계를 관철하도록 응축凝縮하여 이룬 하나의 순수한 결정체였다."[5]고 평가했다. 특히 『자성록』과 『퇴계선생언행록』은 사제 간의 전인격적인 실존적 만남을 통해서 이루어진 위대한 '언행의 교향곡'이며, 정신적 세계 안에서의 만남에 의해 이루어진 진솔한 대화록이다. 퇴계의 '말씀과 행동'이 기록으로 남겨진 것은 사제 간에 있어 경험의 공유이며, 인식의 동일체험이다. 또한 이것은 가치현상에 대한 제자의 참여적 공감의 발로이기도 하다.

인성과 인성교육

인성人性은 여러 가지 말로 표현될 수 있으나 주로 성격, 인격, 마음, 본성, 또는 기질과 동의어로 사용되고 있다. 또한 인성은 인간이 공유하는 본래적 마음이라고 할 수 있으며, 각 개인이 보이는 고유한 행동양식이라 할 수 있다.

인성이란 사람을 사람답게 하는 것, 곧 사람을 사람되게 하는 인간의 본성 또는 본질을 가리킨다. 그리고 유학에서는 인간의 본래적 마음을 성性이라 했다. 『중용中庸』에서는 다음과 같이 말하고 있다.

> 하늘이 명한 것을 성性이라 하고[천명지위성(天命之爲性)],
> 성을 따르는 것을 도道라 하며[솔성지위도(率性之爲道)],
> 도를 닦는 것을 교敎라 한다[수도지위교(修道之爲敎)].

인간의 본성은 선천적으로 타고난 성품으로서 타고난 본성을 그대로 따르면 도심道心이고, 이해利害를 좇아 감정대로 행동하면 인심人心이라 했다. 맹자孟子는 인간에게는 따라야할 도道가 있는데, 그것이 동물과 다른 인간만이 갖고 있는 특성으로서 '사람을 사람되게 해주는 특성', 즉 인성이라고 했다. 이에 맹자는 인성을 인간만이 지닌 사회적이고 도덕적 속성이라고 보았다.

한편, 주희朱熹: 1130~1200는 인성 이론에서 "심心은 성性과 정情을 포괄한다[심통성정(心通性情)]."고 설명했다. 이것은 인성의 개념을 성과 정을 포괄하는 심으로 파악한 것이다. 주희는 성性이란 '마음의 이치'이며, 정情이란 '마음의 움직임'이라고 했다. 즉 마음의 이치가 성인데 그 성을 스스로 지각할 수 없기에 지각을 하려면 마음의 작용이 있어야 한다. 그 작용이 바로 정이다.

인간의 마음은 지적, 정의적, 의지적 측면으로 구성되며, 이를 지정의知情意라고 한다. 지知는 사물을 인식하고 이해하고 판단하는 마음의 작용이다. 정情은 사물에 느끼어 일어나는 마음의 작용이다. 의意는 무엇을 하겠다고 속으로 다짐하는 마음의 작용이다. 이처럼 마음은 지정의知情意의 세 요소로 구성되며 정신작용의 총체이다. 마음은 선악善惡을 느낄 수 있고, 시비是非를 판단할 수 있

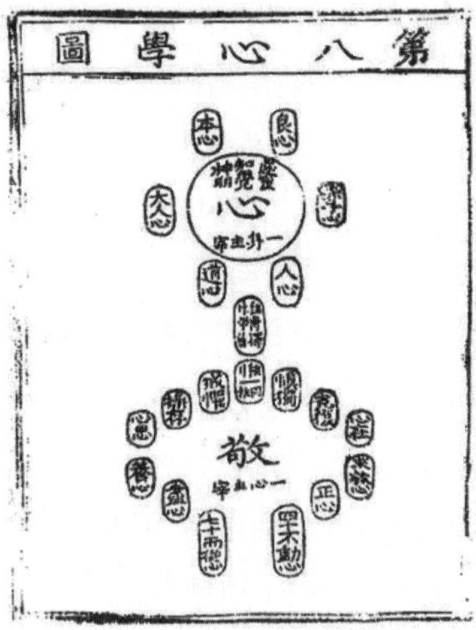

● — 성학십도(聖學十圖)』의 하나인 「심학도」: 『성학십도』는 퇴계가 68세에 17세의 선조에게 올린 글로서 성인이 되기 위한 학문의 요체를 설명한 책이며, 「심학도」는 심과 경을 설명한 그림이다.

으며, 행동을 다짐할 수 있는 정신능력이다.

인성은 사람의 성품이므로 인성교육은 사람의 성품을 교육하는 것이라 할 수 있다. 성품은 성질과 품격으로 구성된다. 성질은 마음의 바탕이고, 품격은 사람됨의 바탕이다.[6] 인성이란 곧 한 사람의 마음의 바탕과 사람됨의 바탕을 가리키는 말이다.

그렇다면 인성교육은 무엇인가? 인성교육이란 인성을 함양시키기 위한 교육을 말한다. 이는 마음의 바탕을 올바르게 함양하는 것이며, '사람됨'의 인간형성을 추구하는 것이다. 마음의 바탕을 함양한다는 것은 마음의 구성요소인 지知·정情·의意를 조화롭게 계발하는 것이다. 또한 '사람됨'을 염원한다는 것은 인간으로서 바람직하고 보편타당한 가치를 추구하며 그 가치를 완성하는 것이다.[7] 그러므로 인성교육은 한편으로는 마음의 바탕을 교육하고, 다른 한편으로는 사람됨의 바탕을 교육하는 것이다.

따라서 인성교육이란 마음의 바탕인 지·정·의를 조화롭게 발달시키는 심성교육과 개인적인 자아실현을 위한 가치교육, 그리고 사회적으로 도덕적인 삶을 추구하기 위한 도덕교육 등 세 가지로 구성되어 있다.

지·정·의를 조화롭게 발달시키기 위한 마음의 교육, 즉 심성교육은 사람의 마음[정신]을 교육하는 것으로서 지·정·의가 조화를 이룰 수 있도록 가정과 학교, 사회 등을 포함한 모든 사회조직에서 지식교육과 정서교육, 행동교육[실천교육]이 균형을 이룰 수 있도록 실시되는 것을 말한다. 이러한 심성교육이 성과를 발휘하려면 모든 구성원들의 적극적인 동참이 필수적이며, 특히 사회 지도층의 솔선수범率先垂範[노블리스 오블리제(noblesse oblige)]이 무엇보다도 중요한 요인이다.[8]

한편, 개인적인 자아실현을 위한 가치교육은 건전하고 올바른 가치관을 확립하여 보람있고 인간다운 삶을 누릴 수 있도록 교육하는 것으로서 올바른 가치판단 능력을 갖추도록 하는 것을 말한다. 그리고 자기 자신의 확고한 정체성Identity을 확립하여 일상생활에서 실천할 수 있도록 하며, 특히 타고난 소질과 적성에 따라 개인별 목표를 설정하여 꾸준히 노력하는 아름답고 인간다운 삶을 살아가도록 교육하는 것을 말한다.

사회적으로 도덕적인 삶을 추구하기 위한 도덕교육은 도덕적인 삶, 즉 인간다운 삶을 살아갈 수 있도록 교육하는 것으로서 공동생활의 기본 원칙과 원리를 교육시키고, 도덕적인 행위를 실천할 수 있도록 교육하는 것을 말한다. 그리고 만약 도덕적인 문제가 발생했을 경우, 인간의 평등사상에 입각하여 자기 자신만의 이익뿐만 아니라 다른 사람들의 이익도 똑같이 고려할 수 있는 배려정신을 심어줌으로써 조화롭게 살아가는 이해와 배려의 참된 길을 교육하는 것을 말한다.

사람됨은 태어난 그대로의 인간을 가리키는 말이 아니라 인간으로서 바람직한 가치를 추구하고 실현할 때 사용하는 가치어價値語이다. 그러므로 사람됨은 가치중립적이기 보다는 가치지향적인 의미로 사용된다.

따라서 인성교육이란 곧 마음을 교육하고 인간됨을 위한 교육이다. 즉 인성교육은 전인적인 인간교육을 위한 필수적인 과정이다. 그리고 인성교육에서 구체적으로 다루어야 할 내용은 자신의 본성이나 본질에 대한 정확한 탐색과 인식, 자기 이해, 자기 수용, 자기 개방, 인간관계, 도덕성 함양, 가치관 확립, 사회성 함양 등을 꼽을 수 있다.

2. 인성교육의 목적

현대사회의 문제점

교육은 인간을 대상으로 하는 활동이다. 따라서 교육의 목표는 인간다운 인간을 만드는 것, 나아가 인간이 행복하게 살아갈 사회를 만드는 것이라 할 수 있다. 그러나 현대인들이 삶을 통해 더 많은 행복을 느끼고 있다거나 현대사회가 인간의 행복을 오롯하게 지켜주고 있다고 말하기에는 어려움이 있다. 오히려 비윤리적이고 비인간적인 사건들이 빈발하는 가운데 현대인은 더욱 각박한 삶을 살아가고 있다. 이러한 사회현실에서 인성교육은 더욱 등한시되고 있다.

현대사회에서 인성교육을 등한시하는 이유는, 급격한 사회 변화에서 오는 부작용, 가정 형태의 변화에 따른 가정교육의 약화, 학교교육의 위기 현상, 민족적 자아정체감과 비전의 상실 등을 언급할 수 있다. 산업화와 도시화로 특징짓는 산업사회로의 전환은 물질적 풍요를 가져왔으나 정신세계의 빈곤과 인간소외 현상을 가속화했다. 그리고 세계화와 국제화의 급속한 진행으로 민족의 고유정신固有精神과 민족주체성民族主體性은 뿌리째 흔들리고 있다. 뿐만 아니라 전통사상에 바탕을 둔 인성교육의 구조마저 해체되고 있고, 그 결과 교육 전체가 공멸의 위기를 맞고 있다.

이러한 사회현상을 맞이하여 기성세대는 인성교육을 위한 방향과 목표를 어떻게 설정해야 하는가? 저자는 덕체지德體知의 조화로운 발달이 이루어진 전인적 인간全人的 人間의 육성을 교육의 이상理想으로 삼고 있다. 즉 인성교육은 전인적 인간교육을 위한 필수적인 과정이다. 저자는 전인교육과 인성교육을 같은 맥락으로 이해하기 때문에 인성교육의 목적을 다음과 같이 제시한다.

첫째, 자기 자신에 대한 올바른 이해이다. 청소년들이 자아정체감을 형성하고 고유한 개성을 발견하기 위해 정확한 자기 이해가 이루어지도록 해야 한다.

둘째, 개인의 잠재력의 계발이다. 자기 안에 있는 무한한 잠재력을 계발할 수 있는 다양한 교육적 경험을 제공해야 한다.

셋째, 자율적인 문제해결능력의 신장이다. 인생은 끊임없이 새로운 문제가 발생하고 해결되면서 진행되는 과정이다. 그러므로 청소년들에게 자신의 문제를 스스로 해결할 수 있는 능력을 길러 주어야 한다.

넷째, 전인적 발달의 도모이다. 청소년들이 지적, 정의적, 신체적, 도덕적, 사회적 측면에서 균형을 이룬 발달이 이루어지도록 몸과 마음의 건강을 증진시킬 수 있는 교육적 경험을 제공해야 한다.

다섯째, 건전한 민주시민의 육성이다. 이것은 현대의 민주사회에서 요구되는 인간적 자질이며, 책임감이 있고 협동적인 시민으로서의 자질을 길러 주도록 한다.

여섯째, 사회적 행복의 추구이다. 인간은 태어나면서부터 사회적 관계 속에서 삶을 살아간다. 사회적 관계를 원만히 수행해야만 사회적 질서를 확립할 수 있고, 상호간에 존중과 예의를 인지할 수 있다. 이를 통해 인간은 사회적 행복을 추구해야 한다.

3. 인성교육의 중요성

인간교육에 대한 열망

오늘날 우리사회에서는 과거 어느 때보다 교육의 문제, 특히 인성교육의 문제가 심각하게 거론되고 있다. 이것은 비단 우리나라만의 문제가 아닐 것이고, 또 어쩌면 최근의 문제만은 아닐지는 모른다. 그러나 입시위주의 교육 풍토 때문에 인성교육이 제대로 이루어지지 않고 있는 현실에서 청소년 자신들 뿐만 아니라 앞으로 그들이 이끌고 가야할 이 나라의 장래를 걱정하는 사람들이 늘고 있는 것은 사실인 것 같다.

청소년기는 인생의 모든 발달과정 중에서 가장 많은 변화와 혼란을 겪는 시기이며, 정신장애·우울증·자살경향성·비행과 범죄 등이 가장 많이 발현되는 시기이기도 하다. 그것은 청소년들이 자기의 정체성을 발견하고 세상을 나와 적응하는 과정에 필연적으로 겪게 되는 시행착오적 혼미와 역할 갈등에서 비롯된다.

사회생활에서 필요한 배려, 사랑, 성실, 정직, 공익과 같은 덕목을 가정에서 배우지 못한 젊은이들이 결혼할 것을 상상해 보자. 작은 애로와 갈등이 생길 때도 그것을 견디지 못하여 끝내는 이혼하리라는 것이 자명하다. 요즈음 젊은 세대의 높은 이혼율은 한국의 교육 풍토와 무관하지 않다.

국제사회는 똑똑한 천재보다 인격적인 지도자를 환영하고 있다. 과학의 힘이 너무나 큰 현대사회에서 개인적, 민족적 이익을 위하여 천재들이 벌이는 테러와 전쟁은 인류를 위협하기 때문이다. 그리하여 비도덕적인 지도자나 비윤리적인 국가는 전 세계가 주시·감독하며 철저하게 배제시키는 세상이 되었다. 결국 성공하는 지도자는 고매한 덕성의 소유자이며, 자신의 이익보다는 사회와 국가와 세계를 위하여 자신이 가진 것을 나누어 주는 인격의 표상이다.

한국이 선진국가가 되려면 국민의 의식수준이 고매한 가치관과 높은 품성으로 성숙되어야 한다. 그리고 우리의 청소년들을 신체적으로 건강하고 지적으로 우수하며 더불어 살기 좋은 성품의 소유자가 되도록 양육해야 한다. 따라서 인성교육의 중요성은 다음과 같다.

첫째, 무엇보다도 오늘날은 과거 그 어느 때보다 배워야 하는 지식의 양과 익혀야 하는 기술의 수가 폭발적으로 증가하고 있기 때문이다.

둘째, 인구는 많으나 일자리는 제한된 산업구조 속에서 먼저 그리고 더 크게 성공하고 출세하기 위한 경쟁은 불가피하다. 따라서 경쟁 위주의 사회 및 교육풍토에서 더불어 살아가는 지혜를 가르치는 인간교육이 중요하기 때문이다.

셋째, 현대 과학문명을 일으킨 원동력이 인간에 의해 개발된 인지능력이며, 현대 산업사회는 이 인지능력을 계속 필요로 하고 있다. 따라서 현재의 교육은 인지적인 측면에서 지식 전달위주의 교육과 주로 지식의 습득 정도에 초점을 두고 있다. 이런 교육환경에서 자기와 타인의 감정이나 정서를 이해하고 그것을 제대로 처리하는 방법, 인간관계를 잘할 수 있는 방법 등을 가르치는 인성교육이 중요하기 때문이다.

이에 따라 오늘날 인간다운 인간을 함양하는 인간교육에 대한 열망은 더욱 절실하다. 학교와 사회에서의 인간교육이 제대로 이루어지기 위해서는 무엇보다도 인성교육이 필요하다.

제2장 퇴계의 생애

1. 퇴계의 출생

넓은 이마[광상(廣顙)]를 가진 아이

퇴계의 생애는 『퇴계선생연보』를 중심으로 살펴보면서 저자가 역사적인 사건에 대한 설명을 추가했다. 저자는 퇴계의 객관적인 모습을 나타내기 위해 노력하였을 뿐만 아니라 퇴계의 '인간적인 너무도 인간적인 모습'을 발현發現하고자 했다.

퇴계退溪: 1501~1570는 1501년(연산군7) 11월 25일 아침에 경상도 예안현 온계리(지금의 안동시 도산면 온혜동)에서 태어났다. 선생의 선조는 진보현에 거주하였으나 5대조 송안군 이자수李自脩는 왜구의 침략을 피해 풍산현 남쪽 마애리로 이사하였고, 나중에 또 주촌으로 옮겼다. 할아버지 판서공 이계양李繼陽은 예안현 북쪽 온계리의 자연경관의 아름다움을 사랑하여 비로소 거처를 정했다.

퇴계의 출생을 전후로 조선 왕조는 권력의 유지를 추구하는 훈구파와 유교 이념의 절의를 표방하는 사림파와의 갈등에 직면해 있었다. 이 갈등은 결국 도의정치道義政治를 제기하는 사림파士林派를 숙청하는 것으로 전개되었다. 무오사화戊午士禍; 1498와 갑자사화甲子士禍; 1504, 그리고 기묘사화己卯士禍; 1519가 그 예이다.

무오사화는 김일손金馹孫 등 신진사류新進士類가 유자광柳子光을 중심으로 한 훈구파勳舊派에 의해 화를 입은 사건이며, 갑자사화는 남곤南袞·심정沈貞·홍경주洪景舟 등의 재상들에 의해 조광조趙光祖·김정金淨·김식金湜 등 사림이 화를 입은 사건이며, 기묘사화는 연산군의 생모 윤씨 복위문제로 야기되어 훈구파와 사림파가 피해를 입은 사건이다. 그러나 퇴계는 이들 사화와 직접적인 관련이 없었다. 다만 숙부인 송재 이우松齋 李堣: 1469~1517가 과거를 통하여 중앙정계에 진출한 사림파의 일원으로 활약했던 시기였으므로 퇴계는 정치적 기류에 민감한 소년시절을 보냈다. 이후에 을사사화乙巳士禍;1545에 퇴계 장인이 연루되어 퇴계의 가문에도 정치적 시련을 겪게 되었다.

퇴계는 진사 이식李埴: 1463~1502과 박씨 부인 사이에서 8남매의 막내아들로 출생했다. 그러나 퇴계 아버지는 박씨 부인과 재혼하기 전에 이미 가정을 이루었다. 즉 퇴계 아버지는 예조정랑 김한철金漢哲의 딸과 결혼하여 2남 1녀를 두었지만, 처음의 부인 김씨가 29세로 세상을 떠나자 다시 별시위 박치朴緇의 딸과 재혼하여 5남을 낳았다.

퇴계의 세계도(世系圖)

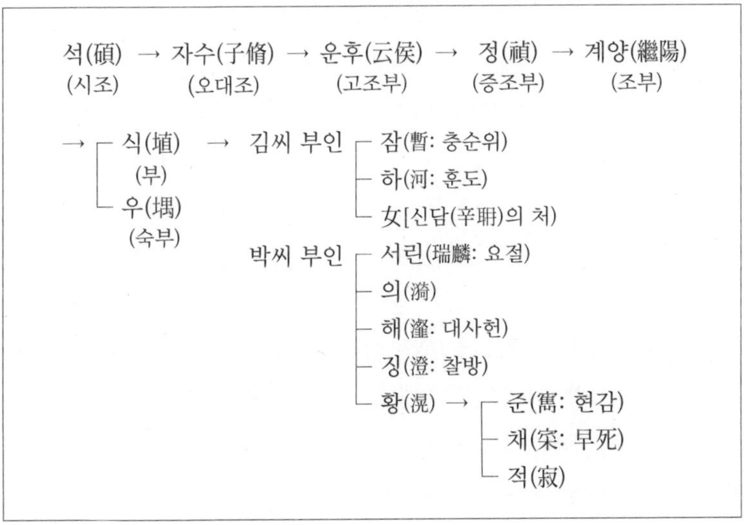

● — **퇴계의 초상화:** 이유태(1916~1999) 화백이 그린 영정이다.

퇴계 아버지는 성품이 고결하여 과거시험의 형식을 싫어하다가 퇴계가 태어나던 해에 39세의 늦은 나이로 진사시험에 합격했다. 그러나 40세의 젊은 나이로 세상을 떠났으니, 퇴계는 아버지의 따뜻한 정을 느끼지도 못하고 성장했다. 그래서 퇴계에게 가장 많이 영향을 준 사람은 어머니 박씨 부인과 숙부였다. 퇴계의 눈에 비친 어머니는 유식한 여인은 아니었지만, 가정 경영에 능숙하였고, 자녀 교육을 우선했던 오늘날 평범한 어머니의 모습이었다. 하지만 숙부는 당대의 유명한 학자관료였고, 아버지를 여읜 퇴계 형제에게는 엄격한 아버지와 같았고, 때로는 글을 가르치는 스승이었다.

퇴계가 태어날 때, 온계리 집은 실제로 판서공 이계양李繼陽, 퇴계 조부이 지은 노송정이었다. 온계의 동쪽, 용산의 남쪽이다. 「판서공유사判書公遺事」에 이른바 "어떤 스님 한 분이 이 집터를 가리키며 말했다. '이곳에 살면 귀한 아들을 두겠다.'"고 한 곳이 바로 그 자리였다. 그리고 어머니의 꿈에 공자孔子가 문간에 온 것을 보고 선생을 낳았다. 아이 시절의 이름은 서홍瑞鴻이었으며, 이마가 넓어 숙부 송재공은 기특해하고 예뻐하며 항상 부르기를 '광상'(廣顙; 넓은 이마)이라 하였고, 이름을 부르지 않았다.

성현과 위인의 출생에서 보통 사람들과 다른 것은 신이神異한 태몽과 설화說話를 가지고 있다. 포은 정몽주圃隱 鄭夢周: 1337~1392는 어머니가 태몽에 난초를 보았다고 처음의 이름을 몽란夢蘭이라 했고, 율곡 이이栗谷 李珥: 1537~1584는 신사임당이 꿈속에서 용꿈을 꾸었다고 몽룡夢龍이라 했다. 퇴계도 역시 스님의 예언적 말씀과 어머니가 태몽에서 공자를 보고 탄생되었다.

아호에 담겨진 퇴계의 염원

퇴계의 자字는 경호景浩이고, 가장 많이 사용한 호는 퇴계이다. 그러나 퇴계는 다양한 호를 사용했다. 연보에 의하면, 만년에는 도산진일陶山眞逸이고, 또 퇴도退陶라고 했다. 온계에서 양곡당暘谷堂을 짓고서는 영지산인靈芝山人, 토계에서 우거할 때 퇴계, 죽동으로 옮기고는 죽동서간병옹竹洞栖澗病翁, 혹은 서간병수栖澗病叟, 자하봉紫霞峯에 살려고 할 때에는 취병거사翠屛居士, 계상에 정착한 후에 퇴계노인退溪老人·계옹溪翁·계상병수溪上病叟라 하였고, 청량산을 오가산吾家山이라 하여 청량산인淸凉山人이라 했다. 도산을 짓고는 도옹陶翁, 도산병일수陶山病逸叟, 진성야로眞城野老, 묘표墓表에는 퇴도만은退陶晩隱이다.

이처럼 퇴계의 아호에는 '숨다'[逸], '물러나다'[退], '세상 등지고 사는 사람'[山人], '병든 노인'[病翁], '벼슬하지 않는 사람'[거사], '도산 노인'[陶翁], '병든 늙은이'[病叟], '시골 노인'[野老] 등을 사용했다. 여기서 우리는 퇴계의 내면세계를 유추할 수 있다. 즉 퇴계는 천성적으로 고요함과 조용함을 즐겼지만, 관직생활의 번거로움을 좋아하지 않았던 모양이다. 그래서 퇴계는 49세 이후에는 끊임없이 관직을 사직하고 고향으로 돌아가려는 '치사귀전致仕歸田'을 간절히 염원했다.

2세 6월에 아버지가 40세의 젊은 나이로 돌아가셨다. 퇴계가 지은 어머니 정경부인 박씨 묘갈문墓碣文에 의하면, 아버지께서 병으로 돌아가실 때 맏형님 잠潛은 겨우 장가를 들었고, 홀로 남은 어린 것들은 앞에 가득할 뿐이었다. 어머니는 남자 아이는 많은데 일찍이 홀몸이 되어 장차 집안을 지탱해 내지 못할까 매우 염려했다. 더욱 열심히 농사를 짓고 누에치기에 힘써 이전부터 해오던 일을 놓지 않았다. 여러 아들이 점점 장성함에 이르러서는 가난 중에도 학비를 내어 먼 곳이든 가까운 곳이든 할 것 없이 취학시켜 늘 훈계했다. 오직 문예만 할 것이 아니라 몸가짐과 행동의 조심[지신근행(持身謹行)]을 중히 여겨 항상 진실로 간절히 타이르지 않은 적이 없다. "세상 사람들이 과부의 자식은 가르치지 않는다고 조롱하는데, 너희들은 남보다 백배로 노력을 하지 않는다면, 어떻게 이런 비웃음을 면할 수 있겠는가"라고 했다. 이 점을 볼 때 퇴계는 비록 일찍 아버지를 여의기는 하였지만, 어머니를 통해 성취한 것이 많았다.

2. 학문연마와 관직생활

독서와 학문

할반지통割半之痛의 형제애

6세에 독서를 시작했다. 이웃에 노인 한 분이 천자문을 조금 이해하고 있어 퇴계가 찾아가서 배웠다. 아침에 반드시 세수하고 머리 빗고 노인집에 도착하여 울타리 밖에서 전날 배운 것을 몇 번씩 외운[묵송(默誦)] 후에 들어가 엎드려 배우기를 매우 엄한 스승처럼 대면했다. 이처럼 퇴계는 어린 나이였지만 스승 앞에서 용의를 단정히 하였고, 배움의 올바른 자세를 스스로 실천했다.

8세 때에 둘째 형이 칼날에 손을 베여 퇴계가 붙잡고 울자 어머니께서 말하기를, "너의 형은 손을 다쳤어도 울지 않는데 어찌하여 너는 울고 있느냐"라고 했다. 퇴계는 대답하기를 "형은 비록 울지 않지만, 어찌 저렇게 피가 흐르는데 손이 아프지 않겠습니까?"라고 했다. 퇴계는 온순하고 공손하며 겸손하여 어른을 대할 때, 감히 태만한 모습을 보이지 않았다. 비록 한밤중에 자고 있을지라도 어른이 부르면 곧 깨어나 대답하였고, 매우 성실했다. 퇴계는 형의 아픔을 보면서 자기 몸을 베어내는 고통인 할반지통割半之痛을 느껴 울 정도로 지극한 형제애를 지녔다.

12세에 숙부 송재공에게 『논어』를 배웠다. "제자들은 집에 들어와서는 효도하고 밖에 나가서는 공경해야 한다."는 구절에 이르자, 퇴계는 두려워하며 스스로 경계하기를 "사람의 자식된 도리는 마땅히 이와 같아야 한다."고 했다. 하루는 숙부에게 "모든 일에서 옳은 것이 이理입니까?"라고 물었더니, 숙부는 기뻐하며 이르기를 "네가 이미 글의 뜻을 이해하였구나!"라고 했다. 송재공은 성품이 근엄하여 자제들에게 칭찬하는 일이 적었다. 퇴계와 넷째 형 대헌공 이해大憲公 李瀣: 1496~1550가 함께 공부할 때, 숙부는 매번 칭찬하여 이르기를 "죽은 형은 이 두 아들을 두었으니, 죽은 것이 아니다."라고 했다. 또 퇴계를 언급하며 이르기를 "우리 가문을 지탱해 줄 사람은 반드시 이 아이일 것이다."라고 했다.

14세에 독서를 좋아했다. 비록 여러 사람이 많아 모여 앉은 자리라 하더라도 반드시 벽을 향하여 마음을 가라앉혀 책을 보았다. 도연명陶淵明의 시를 좋아하고 그 사람됨을 사모했다.

사물을 관조하는 철학적 시심詩心

17세에 학업에 뜻을 두고 각고의 노력을 하다가 병을 얻었다. "만약 선생과 학우를 얻어서 헤매는 길에서 지시받았다면, 어찌 마음과 노력을 잘못 사용함으로 해서 늙도록 터득함이 없는 데에 이르렀겠는가?" 이처럼 퇴계는 스승 없이 학문한 것을 매우 안타깝게 생각했다.

18세에 봄나들이에서 「들판의 연못」을 읊음이라는 시가 있다.

> 이슬 머금은 풀은 곱게 물가를 에워싸고, 露草夭夭繞水涯
> 작은 연못은 맑아 모래조차 없구나. 小塘清活淨無沙
> 구름이 날고 새가 지나감은 원래 상관되지만, 雲飛鳥過元相管
> 다만 때때로 제비가 물결칠까 두려울 뿐이네. 只怕時時燕蹴波

이 시에 대하여 퇴계는 61세에 스스로 다음과 같이 평가했다.

"이것은 내 나이 열여덟 살 때 지은 것이다. 그때는 득의得意의 작품이라 생각하였으나, 지금 와서 생각하니 매우 가소롭다. 이 뒤에 만약 다시 한 걸음 더 나아간다면, 반드시 지난날을 오늘처럼 가소로워 할 것이다." 그러나 퇴계의 제자였던 학봉 김성일은 이 시를 평하여 스스로의 힘으로 사물을 관조하는 철학적인 천품이 남다른 작품이라 칭송했다.[9] 그러나 "이것은 바로 연못의 청정한 물을 마음의 본성[본연지성(本然之性)]에 비유하고, 물을 차고 나는 제비의 날아감을 감성적 욕구[기질지성(氣質之性)]에 비유하고서 그 욕구로 인하여 본성이 구애됨을 경계한 것이다."고 설명했다.[10]

19세에 자신의 회포懷抱를 읊은 시가 있다.

> 숲속 오두막집 만 권 책을 홀로 사랑해, 獨愛林廬萬卷書
> 한결같은 마음으로 10년을 넘겼네. 一般心事十年餘
> 요사이 만물의 근원을 깨달은 듯한데, 邇來似與源頭會
> 내 마음 다하여 태허太虛를 보노라. 都把吾心看太虛

20세에 『주역』을 공부하고 그 의미를 강구하느라 거의 먹고 자는 일을 잊었다. 이때부터 항상 몸이 마르고 초췌해지는 병[이췌(羸悴)]에 걸렸다. 나중에 월천 조목月川 趙穆: 1524~1606에게 준 편지에는 이렇게 쓰고 있다. "내가 어린 나이로 일찍이 망령되게 뜻을 두었으나, 방법을 잘 몰라 도리어 고생이 너무 심해서 마르고 초췌해지는 병을 얻었다."

21세에 부인 허씨를 맞이했다. 부인은 진사인 묵재 허찬默齋 許瓚: 1481~1535의 따님이다. 23세 10월에 아들 준寯이 출생했다. 이 해에 태학太學; 성균관에서 공부했다. 당시는 기묘사화1519가 일어난 지 얼마 되지 않아 선비의 풍습이 천박하고 경솔했다. 퇴계의 행동거

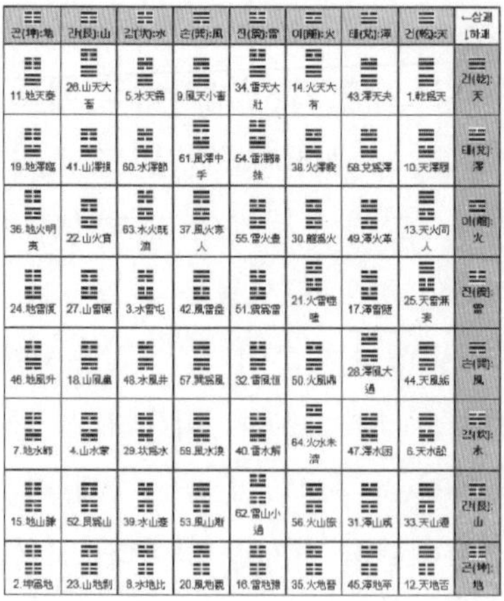

● – **주역의 64괘 알림표**: 『주역(周易)』은 역경(易經)이라 일컬어지며, 우주 세계의 변화에 관한 원리를 기술한 책이며, 괘(卦)와 효(爻)의 두 가지 부호로 중첩된 64괘와 384효로 구성되어 있다. 위의 그림은 64괘에 대한 설명이다.

지에는 예법이 있음을 보고, 많은 사람들이 비웃었다. 더불어 상종한 사람은 오직 하서 김인후河西 金麟厚: 1510~1560 한 사람 뿐이었다. 퇴계는 얼마 되지 않아 고향으로 돌아갔는데, 하서가 작별시를 지어 주었다. "말하면 부자(夫子; 덕행 높은 사람에 대한 경칭)는 영남의 수재요, 이백李白과 두보杜甫의 문장이며 왕희지王羲之와 조맹부趙孟頫의 필체로다." 더욱이 선비의 기풍이 무너져 태학太學; 성균관의 선비들조차 도학道學에 관한 논의를 꺼리고 실없는 농담이나 하며 예법에 맞게 거동하는 것을 혐오하는 퇴락한 풍조가 있었다.

늦은 과거 합격

27세 가을에 경상도 향시의 진사시에 참가하여 뛰어난 성적으로 생원 2등으로 합격했다. 둘째 아들 채寀가 출생하였으나 한 달이 못되어 부인 허씨가 사거死去했다.

28세 봄에 진사 회시에 2등으로 합격하였으며, 30세에 부인 권씨를 맞이했다. 권씨는 봉사奉事 권질權礩의 따님이다. 봉사 벼슬을 지낸 권질의 형제는 사화에 관련되었고, 그의 처삼촌 권전權碩의 일로 퇴계 일가는 나중에 약간의 고초를 받았다. 31세에 측실側室에서 아들 적寂이 태어났다.

퇴계는 사마시[司馬試; 진사시]에 합격한 뒤로 과거에 뜻이 없었다. 형 대헌공이 어머니에게 여쭈어 권하여 과거에 나갔다. 32세에 문과별시 초시에서 2등으로 합격했다. 문과는 초시·복시·전시의 3단계 시험인데, 초시는 예비시험이다. 서울에서 고향으로 돌아오는 도중에 촌사村舍에서 묵었는데, 밤중에 도적을 만나 동행했던 사람들이 모두 놀라고 두려워하여 갈팡질팡하였으나, 퇴계는 태연하고 듬직하여 동요하지 않았다.

33세에 성균관으로 두 번째 유학하였고, 많은 사람들이 존경하고 탄복하였으나 가을에 귀향했다. 도중에 여주驪州에 있는 모재 김안국慕齋 金安國: 1478~1543을 방문했다. 이때에 충정공忠定公인 충재 권벌冲齋 權橃: 1478~1548을 따라 동행했다. 모재는 김안국이니 이때에 벼슬을 그만두고 여주 이호촌梨湖村에서 살고 있었다. 퇴계는 만년에 스스로 말하기를, "모재를 뵙고 비로소 정인正人 군자君子의 언론을 들었다."라고 했다. 경상도 향시에 참가하여 1위로 합격했다.

관직생활

관료생활의 첫 번째 어려움

34세 3월에 급제하여 출세했다. 4월에 승문원 권지 부정자承文院權知副正字에 선임되었다. 예문관藝文館의 검열檢閱과 춘추관春秋館의 기사관記事官으로 선임되었으나 희락당 김안로希樂堂 金安老: 1481~1537의 방해 때문에 곧바로 승문원부정자로 돌아왔다. 김안로는 영주군에 논밭이 있었고, 또한 영주는 퇴계 부인 허씨의 고향이었다. 김안로는 같은 고향인 이유로 퇴계가 찾아오기를 원했지만, 퇴계는 끝내 찾아가지 않았다. 이런 이유로 재갈을 물리었다. 즉 퇴계의 장인 권질權礩과 그 아우 권전權磌이 기묘사화의 선비들로 안처겸安處謙의 옥사에 연루되었다는 사실을 이유로 사관직의 직책을 맡을 수 없다고 하여 추천한 사람까지 탄핵했다.

35세에 호송관護送官에 임명되어 왜노倭奴를 동래까지 보내주었다. 36세에 성균관 전적典籍을 거쳐 호조좌랑에 임명되었다. 퇴계는 그 동안 자신의 직책을 아무런 흠결 없이 잘 수행하였으므로 권력을 잡은 김안로의 무리도 그의 지위를 위협하지는 못했다.

37세 10월에 어머니가 돌아가셨다. 퇴계는 6품에 오르면서부터 지방 외직을 얻어 봉양을 편안하게 하려 했으나, 요직에 있는 자에 저지되어 뜻을 이루지 못한 채 어머니의 별세 소식을 듣고 서울에서 급히 돌아왔다. 상중에 시훼(柴毁; 몸이 여윔)가 병이 되어 구제하지 못할 지경까지 몇 번 이르렀다.

39세에 탈상하고 홍문관 부수찬에 임명되었다가 이날 바로 수찬 지제교 겸 경연 검토관에 승진되었다. 이때에는 김안로가 이미 실각하였으므로 옥당(玉堂; 홍문관)에 선입選入되었다.

40세에 사간원 정언을 거쳐 사헌부 지평에 오르고 형조정랑으로 옮겼다가 얼마 안 되어 사정 때문에 그만두었다. 형조정랑으로 있을 때는 죄인을 다루는 것을 볼 때마다 죄인을 가련하게 여기는 마음 때문에 식사 때 밥상을 밀어놓고 차마 먹지 못했다고 한다. 이때 홍문관에서 올린 차론箚論으로 잠시 파직되었던 일도 있으나 곧 복직되고 당시 홍문관 교리로 돌아왔다.

41세에 휴가를 내어 글을 읽었다. 독서당이 동호에 있으니, 국가에서 인재를 기르는 곳이다. 문학하는 선비를 엄선하여 번갈아 글을 읽게 하니 거기에 뽑힌 사람은 영예롭기가 등영(登瀛; 영예스러운 지위에 오름)에 비교되기도 했다. 그러나 피선된 사람이 대부분 놀고 방탕하여 스스로 안일했다. 퇴계는 자기 차례마다 반드시 가서 글을 읽는 것만 일삼았다. 남쪽 누대 왼편에 자그마한 집을 지어 '문회文會'라 불렀다. 여기서 문회는 『논어』「안연顔淵」편의 "이문회우以文會友, 이우보인以友輔仁"에서 나온 말이다. 즉 군자는 학문을 통해 벗을 사귀고, 벗을 통해서 인덕을 보완한다는 뜻이다. 그래서 옛사람들은 친구와의 교제를 '회우보인會友輔仁'이라 말했다.

42세에 2월에 홍문관 부교리에 임명되었다. 퇴계는 취미가 높고 고결하여 항상 급박한 시류에는 용퇴하는 의지가 있었다. 비록 영광스러운 벼슬자리에 처해 있더라도 그가 좋아하는 것은 아니었다. 이 해 봄에 옥당玉堂에 숙직하면서 「매화를 생각하며」라는 시를 지었다.

> 뜰의 한 그루 매화 가지에 눈이 가득한데, 一樹庭梅雪滿枝
> 풍진의 호해로 꿈조차 어수선하구나. 風塵湖海夢差池
> 옥당에 앉아 봄밤의 달을 대하노니, 玉堂坐對春宵月
> 기러기 우는 소리에 사려가 있구나. 鴻雁聲中有所思

의정부 검상에 임명되자 그대로 어사로 차출되어 충청도에 내려가 군읍의 구휼사업이 잘 진행되고 있는지를 검찰檢察했다. 4월에 돌아와 퇴계는 복명復命하면서 아뢰기를, "일상의 경비를 절약해서 저축해 둔 연후에 비록 예기치 않은 재해가 있더라도 군색하고 위급한 환란은 없을 것입니다. 또 공주판관 인귀손印貴孫은 패악하고 탐욕스러우며 흉년 구제책에 신중하지 않았으니 그 죄를 다스릴 것을 청합니다."라고 했다.

43세에 성균관 사예를 거쳐 사간원 사간에 승진되었으나 병으로 부임하지 못했다. 사복시 첨정을 거쳐 성균관 사성에 임명되었고, 휴가로 고향에 돌아가 성묘했다. 그리고 선생은 말했다. "나는 젊어서부터 학문에 뜻을 두어서 학문에 대한 노력이 없었다고는 말할 수 없다. 그러나 명철한 스승과 벗을 얻지 못하여 도리에 대해 의문을 논변하거나 미혹됨을 변별하지 못하고, 확실한 견해가 없었다. 학문이 넉넉하지 못할 때 갑자기 벼슬길에 올랐으니 더욱 평소 학업에 전일하지 못했다."

44세에 중종中宗이 세상을 떠났다. 임금이 세상을 떠나자 조정에서 명나라에 사신을 보냈는데, 부고를 전하고 시호를 청하는 두 가지 표문表文을 퇴계가 지었다. 명나라에 갔던 사신[민제인·이준경]이 돌아와서 명나라의 예부관원이 감탄하여 칭찬하기를, "표문의 글이 매우 좋고 서법도 또한 기묘하다."고 했다. 신하로부터 이 일을 보고 받고 말 한 필을 하사받았다. 조정에서 외교문서를 작성하는 중대한 임무를 맡길 만큼 퇴계는 문장력이 뛰어났다.

45세에 인종仁宗이 승하하고 명종明宗이 즉위했다. 왜인과 교류할 것인지의 외교문제를 처리하지 않을 수 없었다. 당시 조선은 삼포왜란1510 이후 왜인과 교류를 단절해 왔는데 이때에 왜인이 다시 사신을 보내와 교류를 요청해 왔던 것이다. 퇴계는 왜인의 사신을 물리치지 말고 일본과 강화를 허가하도록 청하는 상소를 올렸다.

관료생활의 두 번째 어려움과 귀향

10월에는 권력을 잡고 을사사화를 주도했던 이기李芑, 1476~1552의 요청으로 퇴계도 삭탈관직되었다. 그러나 죄 없는 사람을 벌줄 수 없다는 여론이 일어나 왕명으로 12일 만에 관직이 다시 회복되고, 사복시 정正과 겸 승문원 참교參校에 임명되었고, 11월에 통훈대부에 제수되고 중국사신을 맞이하는 영접도감의 낭청이 되었다.

46세에 2월에 휴가를 얻어 고향에 돌아가 장인 권질의 장사를 지냈고, 7월에 부인 권씨가 세상을 떠났다. 8월에 교서관 교리와 승문원 교리에 겸임으로 제수되었다. 양진암養眞菴을 퇴계의 동쪽 바위 위에 건축했다. 이에 앞서 온계리의 남쪽 지산의 북쪽에 작은 집을 지었으나 사람이 조밀하게 거주하여 한적하지 않았다. 이 해에 퇴계 아래 동쪽 바위 곁 2~3리 되는 곳에 작은 암자를 짓고 이름을 양진암이라고 했다. 시내의 속명은 토계兎溪이므로 토兎를 퇴退로 고치었고, 이런 이유로 퇴계退溪를 자호自號로 삼았다.

47세 7월에는 안동부사에 제수되었으나 부임하지 않았고, 8월에 홍문관 응교에 부름을 받아 조정에 돌아왔다. 48세 정월에 외직을 요구하여 단양군수에 제수되었다. 퇴계는 조정에서 벗어나려는 간절한 마음을 가졌고, 청송에 부임할 것을 요청하였지만 받아들여지지 않았고, 나중에 단양군수에 제수되면서 시에 이르기를 "푸른 솔과 흰 학은 비록 연분은 없지만, 푸른 물과 붉은 산은 참으로 인연이 있네."라고 했다.

퇴계가 단양을 다스림에 진실로 백성을 믿었고 간절히 사랑했다. 정사政事는 맑고 간결하여 아전이나 백성을 모두 편안하게 해주었다. 단양에는 기이한 명승지가 여럿이니, 구담龜潭과 도담島潭 등과 같은 곳은 매우 아름다웠다. 퇴계는 행정사무에서 벗어나 여가에는 자연을 유람하고 시를 읊으며, 조용하게 속세에서 벗어나 흥취를 즐기기도 했다. 2월에 아들 채寀의 죽음을 들었다. 10월에 풍기군수로 바꾸어 제수되었다. 넷째 형 이해李瀣가 충청감사로 부임했기 때문이다. 단양은 부하가 있었던 까닭에 바꾼 것이다.

49세 12월에 경상도 감사 심통원沈通源: 1499~1572에게 편지를 올려 백운동 서원의 편액과 서적을 청원하였고, 감사가 왕에게 아뢰어 내려 주었다. 백운동은 소백산 아래의 죽계 위에 소재하였는데, 이전의 고려의 문성공 안향文成公 安珦: 1243~1306의 거주지였다. 주세붕周世鵬: 1495~1554이 군수가 되었을 때 비로소 그곳에 서원을 세워 문성공을 제사하고 더욱이 여러 선비들이 와서 학문하는 곳이 되었다.

감사 심통원이 이것을 조정에 보고하자 조정에서는 이름을 소수서원紹修書院이라 사액하고 대제학 신광한申光漢: 1484~1555에게 기記를 짓게 하고 사서오경과 성리대전 등의 서적을 내려 보냈다. 서원의 발흥은 여기서 시작되었다. 병으로 감사에게 세 번이나 해임을 요청하면서 기다리지 않고 고향으로 돌아갔다. 보따리가 단출하여 오직 몇 개의 서적 상자뿐이었다. 그것은 청렴한 선비가 벼슬자리에서 떠날 때는 부임해 왔을 때처럼 빈손으로 돌아가는 모습을 보여 주었던 것이다.

3. 강학활동과 퇴계의 서거

가르침의 즐거움

성균관 대사성의 취임사

50세 정월에 임소(任所; 근무지)를 함부로 버렸다는 이유로 고신(告身; 직첩) 2등을 삭탈했다. 2월에 비로소 퇴계 서쪽에 거처를 정했다. 이전에 하명동 자하봉霞明洞 紫霞峯 아래에 땅을 얻어 집을 짓다가 끝내지 못한 채 다시 죽동竹洞으로 옮겼으나 역시 계곡도 협소하고 시냇물도 흐르지 않았다. 이에 계상에 거처를 마련했다. 전부 세 번 옮겨서 거처를 정했다. 한서암寒栖菴을 건축하여 당호를 정습靜習이라 이름하였고, 독서하는 중에 시를 지었다.

몸이 물러나서 어리석은 분수가 편안하지만, 身退安愚分
배움은 퇴보하여 저무는 지경이 근심스럽네. 學退憂暮境
계상에 비로소 살 곳을 정하니, 溪上始定居
흐르는 물에 가서 날마다 반성이 있으리. 臨流日有省

이때부터 종유(從遊; 학덕이 있는 사람을 좇아 함께 지냄)하는 선비가 날로 많았다. 농암 이현보聾巖 李賢輔: 1467~1555를 분천汾川에서 배알하고, 동파 소식東坡 蘇軾: 1037~1101의 「월야음행화하月夜吟杏花下」의 시에 화운한 시가 있다. 4월에 광영당光影塘이라는 연못을 팠다. 8월에 넷째 형님 좌윤공 이해李瀣의 부음을 들었다. 좌윤공이 일찍이 사헌부에 있을 때 이기李芑: 1476~1552는 정승으로 합당하지 않는다고 탄

핵했다. 그 일로 이기의 원한을 사서 그 심복인 이무강李無疆의 무고로 죄를 입어 곤장을 맞고 갑산甲山으로 귀양 가는 도중에 양주楊洲에서 죽고 말았다.

52세에 입춘을 맞아 2수의 시를 지었다.

> 누런 책 속에서 성현을 대하니, 黃卷中間對聖賢
> 텅빈 밝은 한 칸의 방에 초연히 앉아 있네. 虛明一室坐超然
> 매화 핀 창문에 봄 소식을 또 보니, 梅窓又見春消息
> 거문고를 향하여 줄 끊어졌다 탄식말 일이네. 莫向瑤琴嘆絶絃

여기서 결구의 금탄절현琴嘆絶絃은 거문고의 명인인 백아伯牙와 그의 친구 종자기鍾子期에서 비롯된 말인데, 종자기가 죽자 백아는 자신의 거문고 소리를 들어줄 사람이 없어 거문고의 줄을 끊었다는 백아절현伯牙絶絃의 고사에서 나온 구절이다.

4월에 홍문관 교리에 제수되어 다시 조정에 돌아왔다. 5월에 경연에서 강의하면서 임금에게 공사의 분별과 의리와 이욕의 분별에 유의하고 성찰하도록 경계했다. 7월에 성균관 대사성에 승진되었다.

53세 4월에 대사성에 임명되었다. 사학四學에 통문을 돌려 학생들을 가르치고 타일렀다. 대략은 이러하다. "학교는 풍속과 교화의 본원이며 선善의 모범을 세우는 곳이다. 선비는 예법과 의리의 으뜸이요, 원기의 근거지다. 국가에서 학교를 세워 선비를 양성함은 그 뜻이 매우 높다. 사제 간에는 마땅히 예절과 의리로써 서로를 우선하여 스승은 엄격하고, 학생은 공경하여 각자가 자신의 도리를 다하여 한다."

55세에 병으로 세 번 사퇴를 청하여 마침내 허락을 받자, 즉시

도성을 나와 배를 타고 고향으로 돌아가는데, 그날 다시 상호군에 임명되었다. 조정에서는 퇴계에게 첨지중추부사에 임명하며, 식량을 하사하고 서울에 와서 의원을 보이게 했다. 이때에 퇴계가 귀향하자 이귀수李歸壽는 이렇게 임금에게 아뢰었다. "퇴계의 사람 됨됨이가 문장과 조행이 있음에도 산야를 즐겨 물러가려 하니 이 사람을 높여 장려하면 선비의 기풍을 격려할 수 있을 것입니다."

56세 5월에 홍문관 부제학에 임명하였으나 거듭 사직을 청했다. 6월에 첨지 중추부사로 제수하면서 안심하고 병을 조리하라는 교지를 내려 주었다. 58세에 10월 성균관 대사성에 임명되었다. 임금은 학교를 다시 진흥시키고 선비의 기풍을 바로잡도록 당부하며, 초피(貂皮; 담비 가죽)의 귀마개를 하사하고, 또 어사주를 내려주었다.

사퇴와 임명의 연속에 의한 갈등

59세 2월에 휴가를 받아 귀향한 뒤로 벼슬에 나가지 않았다. 7월에 동지중추부사로 옮겨 제수하고 음식을 하사하면서 병을 조리하도록 허락했다. 61세 정월에 임금의 부름을 받아 서울로 올라가려는데 마침 말에서 떨어져 병으로 사퇴하고 고향에 머물렀다. 3월에 절우사節友社를 축조했다. 절우사는 도산 서당 왼쪽에 석축으로 자그마한 단을 쌓아 올린 곳으로, 퇴계는 그 위에 매죽송국梅竹松菊을 심었다. 하루는 퇴계가 계상에서 도산으로 걸어오면서 매화를 찾아 시를 읊었다.

바위 벼랑에 꽃은 피어 봄날은 적적하고, 花發巖崖春寂寂

새는 시냇가 나무에서 울어 물결이 잔잔하구나. 鳥鳴澗樹水潺潺
우연히 젊은 제자들과 산 뒤를 돌아서, 偶從山後攜童冠
한가로이 산 앞에 이르러 고반考槃을 보았노라. 閒到山前看考槃

여기서 고반은 『시경』에 나오는 말로서 은거하는 사람의 생활을 의미한다. 65세 12월에 특명으로 소환되었는데, 이때에 임금의 전교는 "내가 총명하지 못하여 어진 이를 좋아하는 정성이 모자라, 전부터 자주 불렀지만 매번 늙고 병들었다는 이유로 사양하여 내 마음이 편하지 못했다. 경은 나의 지극한 심회를 알고 이에 빨리 올라오라."고 간곡히 불렀다. 승일(乘馹; 역마를 잡아타던 일)을 허락하여 동지중추부사로 임명되었다.

66세 정월에 임금의 부름을 받아 서쪽으로 가다가 영천(榮川; 영주)에 이르러 병으로 사표를 올리고 풍기로 가서 머물며 사퇴를 허락하는 왕명을 기다렸다. 임금은 사퇴를 허락하지 않고 공조판서로 승진시켜 임명하였으나 거듭 사퇴 상소를 올렸다.

67세 6월에 부름을 받아 서울에 들어왔는데, 명종이 승하했다. 퇴계가 서울에 온지 3일 밖에 되지 않아 병으로 아직 숙배肅拜하기 전에 변고를 들었다. 숙배는 왕의 명령에 따라 관직에 취임하면서 왕에게 절하는 예법이다.

68세 8월에 무진육조소戊辰六條疏를 상소했다. 요약하면, 계통을 중히 여겨 인효를 온전히 할 것, 참소하는 말을 막음으로써 양궁[선조의 거처와 명종비의 거처]에 친근할 것, 성학을 돈독히 하여 정치의 근본으로 삼을 것, 도술을 밝혀 인심을 바로잡을 것, 복심(腹心; 대신)을 미루어 이목(耳目; 대간)을 통하게 할 것, 수양과 반성을 성실히 하여 하늘의 사랑을 이어받게 할 것 등이다. 12월에 『성학십도聖學十圖』와 「차자箚子」를 올렸다. 첫째 태극도, 둘째 서명도, 셋째 소학도, 넷째 대학도, 다섯째 백록동규도, 여섯째 심통성정도, 일곱째 인설도, 여덟째 심학도, 아홉째 경재잠도, 열째 숙흥야매잠도이다. 임금이 이르기를, "학문하는데 절실한 것이다."라고는 병첩屛帖을 만들어 올리라고 명령했다.

69세 3월에 판중추부사判中樞府事를 제수하자, 대궐에 들어가 감사하고, 야대청夜對廳에 입대하여 물러갈 것을 빌어 허락되었다. 그 후에 배를 타고 동쪽으로 돌아가 봉은사奉恩寺에 잤다. 명사들이 조정에서 다 나와 예를 갖추어 떠나보낼 때, 각기 시를 지어 이별의 정회情懷를 서술하였고, 선생도 시를 지었다.

> 큰 배에 벌여 앉은 분네 모두 뛰어난 분일세. 列坐方舟盡勝流
> 돌아가고픈 마음 온종일 끌리어 머뭇거렸네. 歸心終日爲牽留
> 원컨대 한강물 가져다 벼루에 부어서, 願將漢水添行硯
> 헤어질 때의 이 끝없는 시름을 그려내고저. 寫出臨分無限愁

퇴계의 서거

작은 비석에 담긴 겸손함

70세 11월에 병이 위중해지자 강의를 그만두고 제자를 돌려보냈다. 류응현[겸암 유운룡(謙菴 柳雲龍: 1539~1601)]과 정사精舍에 머물면서 보낸 절구 시에 화답한 시 세 수가 있었는데, 그 중 하나는 이렇다.

> 성인 공자도 오히려 동네 사람 고르는 걸 경계하고, 孔聖猶箴擇里人

일찍이 글로 모여 의리를 도와 이루네. 曾云文會輔成仁
늙어가며 다시 학문에 소홀함을 깨달으니, 老來更覺踈爲學
헛되이 돌아옴을 부끄러워하며 또 봄을 기다린다. 慙愧空還又待春

11월 9일 종가의 가묘에서 시향을 지냈다. 이때 퇴계는 이미 병이 있어서 자제들이 퇴계에게 제사에 참여하지 말기를 청했지만, 선생은 이르기를 "내가 늙었으니 제사 모실 날도 많지 않을 것인데 제사에 참여하지 않아서야 되겠느냐."고 하면서 신주함을 몸소 받들고 제물도 올리는 일도 직접 맡았다.

12월 3일에 자제들에게 다른 사람의 서적을 기록하고 돌려보낼 것을 명령하고, 책을 유실하지 말라고 했다. 이때에 아들 이준李寯이 봉화현감에 임명되자 감사에게 사직을 요청하는 글을 올리도록 하였고, 집안사람들이 기도하는 것을 금지했다.

4일에 조카 영甯을 시켜 유계를 받아쓰게 했다. 첫째, 예장을 하지 말라. 둘째, 비석을 세우지 말라. 다만 조그만 돌로 전면에 '퇴도만은진성이공지묘退陶晩隱眞城李公之墓'라고 쓰고, 그 후면에 향리鄕里·세계世系·지행志行·출처出處의 대강을 『주자가례』에 적힌 대로 간략히 쓰라. 이런 일을 만약 다른 사람에게 부탁하여 짓는다면, 예컨대 서로 알고 지내는 고봉 기대승 같은 사람은 반드시 실상 없는 일을 장황하게 늘어놓아 세상의 웃음거리가 될 것이다. 그러므로 일찍이 스스로 기록하고자 하여 뜻한 바를 먼저 명문銘文으로 지어놓았고, 그 나머지는 이래저래 하다가 마무리하지 못했다. 그 초고草稿를 원고 뭉치 가운데 간직하여 두었으니, 그것을 찾아내어 명문으로 하면 좋을 것이다. 또 이르기를 구경하는 사람들이 사방에 둘러 서 있을 것이니, 너의 장사 지내는 일은 다른 사람의 경우와는 다를 것이다. 모든 일은 반드시 예의禮儀를 아는 유식한 사람에게 물어서 해야 지금의 예속에도 합당하고 옛 법도에도 어그러지지 않아야 한다. 이외에도 집안일의 몇 조목을 처리하여 조치했다.

오후에 제자들을 만나고자 했다. 제자들이 만류하자 퇴계는 이르기를 "생사의 갈림길에 이르러 안 만날 수가 없다."고 하면서 웃옷을 입고 제자들에게 "내가 평소에 잘못된 소견으로 제자들과 종일토록 강론하였으니 이것 또한 쉬운 일이 아니다."라고 했다. 5일에 자신의 시신을 염습할 수기(壽器, 관)를 준비하도록 부탁했다. 7일에 문인이었던 간재 이덕홍艮齋 李德弘: 1541~1596에게 서적의 관리를 맡으라고 했다. 퇴계의 병세가 이미 위중하자, 제자들이 상자 속에서 점괘를 뽑으니 군자가 돌아가심을 나타내는 겸괘謙卦를 얻었다. 8일 해질 무렵에 침소에서 돌아가셨다. 이날 아침에 모시고 있던 사람에게 매화 분재盆栽에 물을 주라고 했다. 저녁 무렵에 누운 자리를 정돈하라고 하였고, 부축하여 몸을 일으켜드리자 앉아서 편안하게 돌아가셨다. 퇴계는 「자명自銘」에서 자신의 평생을 다음과 같이 읊었다.

태어나면서 크게 어리석었고, 生而大癡
장성해서는 병도 많았네. 壯而多疾
중년에 어찌 학문을 좋아했고, 中何嗜學
말년에 어찌 벼슬을 받았던가. 晩何叨爵
학문은 구할수록 멀어지고, 學求愈邈
벼슬은 사양할수록 더욱 주어졌네. 爵辭愈嬰
세상에 나가서는 넘어졌으나, 進行之跲
물러나 은둔하니 곧았었네. 退藏之貞
나라 은혜에 깊이 부끄럽고, 深慚國恩

성현 말씀에 참으로 두렵구나. 亶畏聖言
높고 높은 산이 있고, 有山嶷嶷
흐르고 흐르는 물이 있네. 有水源源
平服을 갈아입고, 婆娑初服
뭇 사람의 비방을 떨쳐버렸네. 脫略衆訕
내 마음을 제 모르니, 我懷伊阻
내 즐거움 누구를 줄까. 我佩誰玩
옛 사람 생각에, 我思古人
내 마음 쏠리누나. 實獲我心
후세 사람 오늘 일을, 寧知來世
어찌 못 알아 줄건가. 不獲今兮
근심 속에 즐거움이 있고, 憂中有樂
즐거움 가운데 근심 있네. 樂中有憂
조화 타고 돌아가노니, 乘化歸盡
다시 무엇을 구하랴. 復何求兮

제3장 퇴계의 인성교육원리

1. 구인성성求仁成聖의 원리

변화가능성으로서의 인간 이해

교육은 인간 본성에 대한 이해를 선결해야만 가능한 실천학문이다. 즉 교육은 인간을 어떻게 이해하는가에 따라 교육의 원리와 방법을 달리할 수 있다. 성선설적인 측면에서 교육은 선천적인 본연지성을 유지하는 것이 우선이지만, 성악설적인 측면에서 교육은 기질적인 변화를 달성하는 것이 중요하다.

맹자는 인간만이 갖고 있는 특성으로서 '사람을 사람답게 해주는 특성'을 가리켜 인성이라 했다. 그래서 맹자는 인간이라면 누구나 다른 사람의 불행을 보면 불인지심不忍之心이 생긴다고 했다. 불인지심의 발현은 곧 선의 단서이며, 인의예지仁義禮智는 여기서 비롯된다.

> 측은히 여기는 마음은 모든 사람이 가지고 있으며, 부끄러워하고 경계하는 마음은 모든 사람이 가지고 있으며, 공경하는 마음은 모든 사람이 가지고 있으며, 옳고 그름을 판단하는 마음은 모든 사람이 가지고 있다. 측은히 여기는 마음은 바로 인仁이며, 부끄러워하고 경계하는 마음은 바로 의義이며, 공경하는 마음은 바로 예禮이며, 옳고 그름을 판단하는 마음은 바로 지智이다. 이러한 인의예지는 밖에서 나에게 부과한 결과로 형성된 것이 아니라 나에게 원래부터 있었던 것이다(『맹자』「고자(상)」).

● — **맹자의 초상화**: 맹자(孟子; 서기전 371~289?)는 추(鄒)나의 철학자로 공자의 정통유학을 계승 발전시켰고, 공자 다음의 아성(亞聖)으로 불린다. 인간의 성선설(性善說)을 주장하고 있다.

이처럼 맹자는 인의예지를 외부에 의해 부과되어지는 것이 아니라 선천적으로 품부稟賦 받은 것으로 이해했다. 따라서 맹자는 인간에 대한 순수한 본성과 신뢰를 바탕으로 인간을 이해했다.

한편, 퇴계가 인간을 어떻게 이해하고 있는지를 아는 것은 교육적 관심과 목표가 무엇인가를 이해하는 것과 직결된다. 퇴계의 인간이해는 「천명도설天命圖說」에 잘 나타나 있다. 퇴계에 의하면, 만물의 차별성은 기에서 근거한다고 보았다. 즉 "천지 사이에 리理는 하나이나 기氣는 천만 가지로 다른 것이다. 그러므로 그 리를 궁구하면 만물의 리와 하나의 성性으로 귀일歸一될 수 있다. 그러나 그 기를 논의하면 만물이 분별되어 각기 하나의 기를 가지고 있다."고 설명했다. 그리고 퇴계는 이러한 기의 차별성에 근거하여 인간을 상지上智·중인中人·하우下愚의 등급으로 분류했다.

인간에 대한 차별성을 두는 이유를 퇴계는 다음과 같이 주장한다.

> 사람이 태어남에 있어서 하늘에서 기를 받게 되는데 하늘의 기에는 맑은 기와 탁한 기가 있다. 그리고 땅에서 질質을 받게 되는데, 땅의 질에는 순순한 것과 잡박한 것이 있다. 이 가운데 맑은 기와 순수한 질을 타고난 사람은 상지가 되고, 상지의 사람은 천리에 대하여 분명하게 알고 또 이를 철저하게 실천하여 하늘과 완전히 합치하는 사람이다. 맑은 기를 타고 났으나 질을 잡박하게 타고났거나, 기를 탁하게 타고났으나 질을 순수하게 타고난 사람은 중인이고, 중인은 천리에 대하여 앎은 충분하지만 실천이 부족할 수 있거나 앎은 부족하지만 실천을 잘 할 수 있어서 천리와 합치하기도 하고 어긋나기도 하는 사람이다. 탁한 기와 잡박한 질을 타고난 사람은 하우이며, 하우는 천리에 대하여 알지도 못하고 실천도 사악하여 천리에 아주 어긋난 사람이다(『퇴계전서』「천명도설」).

이처럼 퇴계의 설명에 의하면, 인간의 차별성은 천기天氣의 청탁淸濁과 지질地質의 수박粹駁을 어떻게 선천적으로 타고나느냐에 따라 상지·중인·하우로 결정된다고 보았다. 그러나 퇴계는 그 분류가 고정불변의 차별성을 말한 것이 아니라 노력 여하에 따라 충분히 바꿀 수 있다고 보았다. 즉 "기질을 잘 타고났다고 상지가 자만할 것도 아니고, 타고난 본성에 바탕을 두어 하우라할지라도 최선을 다해야 한다."고 강조하여 상지와 하우가 모두 변화의 가능성을 내포하고 있음을 전제했다. 천리의 본연으로서 하우라도 마땅히 노력하면 리의 사람으로 나갈 수 있으며, 상지라고 자만하여 기질의 아름다움만을 믿어 존양성찰存養省察과 실천이 없다면 사람됨의 길을 저버리는 것이라고 보았다. 퇴계의 차별적인 인간 이해를 표로 나타내면 다음과 같다.

퇴계의 차별적 인간관

구 분	天之氣(淸濁有無)	地之質(粹駁有無)
상 지	청 순	순 수
중 인	청 순	잡 박
	혼 탁	순 수
하 우	혼 탁	잡 박

이러한 인간관에 근거하여 퇴계는 "학문의 길은 기질을 잘 타고나거나 잘못 타고나는 것에 관계없이, 오직 천리를 분명히 아느냐 모르느냐와 천리를 온전히 실천할 수 있느냐 없느냐에 있을 따름이다."고 주장했다. 즉 퇴계는 기질의 상지와 하우를 막론하고 천리를 분명히 파악하고 이를 실천하는 데 학문의 궁극적 목적이 있음을 밝혔다. 그리고 "성인됨을 추구하는 학문은 구인求仁이니, 반드시 이러한 뜻을 깊이 체득하여 천지만물과 더불어 일체가 되어야 한다."[11]고 강조했다. 여기서 구인은 세상의 이치이니, 이를 깊이 성찰하면서 체득하면 성인의 경지에 오를 수 있다고 퇴계는 보았다.

그리고 퇴계철학은 천인합일天人合一에 근거한다. 퇴계의 인성교육은 모든 인간을 성인의 경지에까지 도달하게 하는 것이었

● ─ 『입학도설』의 「천인심성합일도」: 『입학도설』은 양촌 권근(陽村 權近; 1352~1409)이 지은 책으로 우리나라에서 최초로 그림을 넣어 학문을 논의하였고, 위의 그림은 하늘과 인간의 합일적 원리를 설명했다.

다. "성인이란 그 덕성이 천지와 합치하며, 그 밝음이 일월과 합치하며, 그 질서가 네 계절과 합치하며, 그 길흉이 귀신과 합치한다."[12]고 주장하였고, 또한 "성인이란 그 덕이 천지와 합치되는 사람이다."[13]고 퇴계는 설명했다. 따라서 퇴계가 지향하는 인성교육의 원리는 천리와 합치되는 구인성성求仁成聖의 인간 완성이라고 볼 수 있다. 퇴계는 성리학의 선천적 도덕원리를 잃지 않고 보존하여 성찰하는 것이 인성교육의 원리하고 생각했다. 이것은 퇴계 수양론에 있어 핵심이며, 정수精髓이다.

2. 지경공부持敬工夫의 원리

학문의 출발점과 종착점인 경敬

퇴계의 『성학십도』는 경의 수양론을 함축하는 결정체였다. "경은 인간의 마음을 수렴하여 통제하는 마음 자체의 조건, 곧 마음을 최고의 상태로 각성시키고 통일시키는 원리로 이해되고 있다."[14] 그래서 퇴계는 지경공부를 인성교육의 원리로 파악하고 있으며, 또한 수양을 위한 학문 방법론의 핵심 개념으로 이해했다.

퇴계의 교육철학은 한마디로 경의 공부라고 말할 수 있다. 퇴계에 있어 경은 학문의 요체要諦이며 실천의 지남指南이다. "퇴계에 의하면 학문하는 까닭은 경의 공부와 리의 공부에 있는데 이 둘을 호진互進시키는 것이 곧 경이다. 따라서 경은 학문과 인간 자아의 주체를 지키는 자세이며 그 기반이다."[15]

> 이 마음의 이치가 호호浩浩하여 잡을 수 없으며, 혼혼渾渾하여 측량할 수 없으니, 만약 경敬을 첫째로 삼지 않으면, 어찌 능히 그 성性을 보존하고 그 본체를 세우겠는가. 이 마음의 발하는 것이 미묘하여 가느다란 털끝을 살피기보다 어렵고, 위태하여 구덩이를 밟기보다 어려울 것이니, 진실로 경을 첫째로 삼지 않으면 또 어찌 그 기미를 바르게 하고, 그 쓰임에 통달할 수 있겠는가. 그러므로 군자의 학문은 마땅히 이 마음이 발하지 않았을 때에는 반드시 경을 주로 하여 존양의 공부를 더해야 하고, 이 마음이 이미 발

> 했을 때에는 반드시 성찰省察의 공부를 더해야 할 것이다. 이것이 바로 경학敬學의 처음이 되고 끝이 되며 본체와 쓰임에 관통하는 이유이다(『퇴계전서』「천명도설」).

그러므로 퇴계에 있어 경은 학문의 처음과 끝을 이루는 요법要法이며, 일상생활의 기본 습관인 바른 인성을 갖기 위한 기초이며, 마음을 다스리고 성인되기 위한 핵심 원리이다. 퇴계는 지경持敬을 한결같이 힘써야 하며, 더불어 존양하는 공부를 깊이 있게 할 것을 주장했다.

> 배우는 사람이 진실로 지경에 전념하여 이치와 욕망을 가리는데 어둡지 않게 하고, 더욱 이렇게 되도록 조심하여 본성이 발현되지 아니하였을 때에 존양하는 공부를 충실히 할 것이며, 본성이 이미 발현되었을 때에는 반성하고 살펴보는 습성에 익숙해야 할 것이다. 이러한 의미를 참되게 쌓아 올리고 오래도록 계속 노력하기를 거듭하게 되면, 이른바 정일집중精一執中[16]의 성학과 존체응용存體應用의 심법心法이 모두 다른 곳에서 구하려고 하지 않아도 여기에서 얻을 수 있을 것이다(『성학십도』「심통성정도」).

위에서 언급한 것처럼, 퇴계는 지경으로 인간 본성을 몽매蒙昧하지 않도록 하였으며, 본성이 미발未發이면 존양공부에 충실하고, 본성이 이발已發이면 성찰 학습에 숙고해야 한다고 강조했다. 이렇게 될 때 가장 알맞은 도리를 지킬 수 있는 성학과 본체를 보존하여 사물에 응용할 수 있는 심법을 얻을 수 있다고 생각했다. 퇴계의 존양 성찰은 성인되기 위한 공부 원리였으며, 인성교육의 원리였다. 그리고 퇴계는 경을 간직하는 공부의 목적을 다음과 같이 말했다.

> 대체로 사람이 학문하는 것은 일이 있을 때나 없을 때나, 뜻함이 있을 때나 없을 때를 막론하고, 오직 경을 위주로 삼아 동정動靜을 잃지 않는다면, 마땅히 사려가 아직 싹트지 않아서 마음의 본체가 허명하고 본령이 매우 순수하다. 마침내 그 사려가 이미 발함에 이르러서는 의리가 밝게 드러나고, 물욕이 물러나서 어지럽게 흔들리는 근심이 점차로 감소할 것이다. 이러한 것이 조금씩 쌓여 성취하게 될 것이니, 이것이 요법이다(『자성록』「답김돈서부륜」).

퇴계는 경을 위주로 삼아 마음의 동정을 잃지 않는다면, 마음의 본체가 허명하고 본령이 순수하다고 했다. 이는 경을 위주로 마음공부, 즉 인성교육의 원리로 기약했다고 볼 수 있다. 그리고 퇴계는 "마음은 우리 몸의 주재자이고 경은 마음의 주재자이다."[17]라고 설명했다. 이는 인성교육이 이루어지기 위해서는 반드시 마음이 지경을 유지해야 한다고 보았다. 왜냐하면 지경을 통해서 본연지성本然之性을 회복해야만 성인의 경지에 도달할 수 있다고 보았기 때문이다. 또한 퇴계는 지경으로써 본심을 잃지 않고, 함양을 깊고 두텁게 하여 일상생활의 인간관계를 절도에 맞게 하도록 가르쳤다.

> 오로지 경으로써 본심을 방실하지 말며, 함양을 심후深厚하게 함으로써 응접함에 있어서 가볍고 쉽게 여기거나, 함부로 지나치지 않게 하여야 하니, 오래도록 지속하여 점점

익숙한 경지에 도달할 것 같으면, 자연히 이미 잃어버리는 바가 없게 되고, 사람을 응접함이 절도에 맞을 것이다(『자성록』「답정자중」).

앎과 실천의 겸비

지경이란 앎과 실천을 겸비하는 것이며, 활동함과 고요함[動靜]을 관통하는 것이며, 내외를 합일하고, 드러나고 은미한 것을 하나로 하는 원리라고 퇴계는 설명했다.

> 경敬을 지킨다는 것은 생각하는 것과 배우는 것을 겸비하고 동動과 정靜을 관통하며, 안內과 밖外을 합일시키고, 드러난 것과 은미隱微한 것을 한결같이 하는 도道이다. 그것을 하는 방법은 반드시 가지런하고 장중하며 고요하고 한결같은 가운데 이 마음을 두어야 하며, 배우고 묻고 생각하고 변별하는 동안에 이 이치를 궁구하며, 보이거나 들리기 전에는 경계하고 두려워하는 것을 더욱 엄숙하게 하고 더욱 공경스럽게 할 것이요, 은미한 곳과 혼자 있는 곳에서는 성찰하는 것을 더욱 더 정확하고 은밀하게 했다(『성학십도』「성학십도차」).

퇴계는 경을 통하여 인간은 천리에 합일되고 진지眞知를 이해하게 된다고 보았다. 진지의 전단계인 무지無知와 부지不知의 상태에서 벗어나기 위해서는 지경만이 필요하다고 퇴계는 생각했다. 따라서 유학은 천인합일의 교육적 인간상을 추구하고 있으며, 그 경지에 도달한 사람이 바로 성인이며 군자라고 보았다. 그리고 퇴계는 인성교육의 원리로 덕성함양을 강조했다.

> 듣건대, 마음은 모든 일의 근본이고, 본성은 모든 착함의 근원이다. 그러므로 예전의 선비들이 학문을 논함에 반드시 방심을 수렴하고 덕성을 기르는 것을 최초에 착수해야 할 곳으로 삼았다. 이것이 근본을 성취하는 까닭이며, 도를 이루고 사업을 넓히는 기초라고 여기는 것이요, 공부하는 요령을 어찌 다른 곳에서 구할 수 있겠는가. 또한 "하나를 주로 하여 다른 곳으로 가지 않는다."라고 말하며, "경계하고 삼가며 두려워한다."고 말한다. 주일主一의 공부는 동정動靜에 통하지만, 계구戒懼의 경지는 오로지 미발未發에만 있다. 이 두 가지 공부 어느 것 하나라도 소홀히 할 수 없으니, 밖으로 드러나는 행동을 통제하여 내면의 마음을 기르는 것이 더욱 절실히 요구된다(『자성록』「답기정자명언대승」).

퇴계는 마음을 모든 일의 근본으로 여겼으며, 그 마음은 착한 본성을 전제로 삼았다. 그래서 퇴계는 '흐트러진 마음을 수렴하고 덕성을 함양하는 것'을 학문에서 가장 우선적으로 착수해야 할 것으로 보았다. 즉 퇴계에게 있어 인성교육의 원리는 방심을 수렴하고 덕성을 함양하는 것이었다. 퇴계는 이를 실천하는 방법으로 주일무적主一無適과 계신공구戒愼恐懼을 언급했다. 퇴계의 인성교육은 외양의 검속檢束을 통한 내면의 심성수양에 치중했다.

따라서 퇴계는 『성학십도』와 『자성록』에서 인성교육의 원리로 구인성성求仁成聖과 지경공부持敬工夫를 강조했다. 이들 저서에서 퇴계는 성인이 되는 것을 성학의 목적으로 밝혔으며, 또한 덕성함양의 인성교육을 강조하고 있다. 퇴계의 인성교육은 인간의 본래의 깨끗한 마음을 회복하여 인륜과 도덕을 밝혀 성인이 되는 것에 두었다. 또한 성인이 되기 위해서는 부단히 자기수양을 해야 하는데, 경은 수양의 목적이자 방법이며 아울러 인성교육의 큰 틀이기도 하다. 그러므로 퇴계의 인성교육은 인간의 마음과 본성을 함양하고, 그 마음과 본성을 공경스럽게 가다듬어 일상생활을 올바르게 실천하는 데에 있다.

3. 지행호진知行互進의 원리

유학자는 유학을 지식과 행동을 별개라고 인식하지 않고 하나로 보았다. 때문에 지행은 선후의 문제로 인식하는 할 수 없는 호진互進과 병진竝進의 문제이다. 공자는 지행의 문제를 '학이사學而思'의 문제로 치환하여 설명하고 있다. 여기서 배움[학(學)]은 지식과 연결된 인식의 문제이며, 생각[사(思)]은 행위와 관련된 실천의 문제이다. 그리고 퇴계는 공자의 학사學思를 지행知行의 문제로 치환하고, 이를 학습과 실천으로 설명하면서 상호계발을 강조했다.

> 듣건대 공자께서는 배우고 생각하지 않으면 공허하고, 생각하고 배우지 않으면 위태하다고 말씀하였으니, 배움이란 어떤 일들을 잘 습득하여 진실로 실천하는 것을 말한다. 대체로 성인이 되기 위한 공부는 마음에서 구하지 않으면 어두워져서 아무런 실효를 거두지 못한다. 그러므로

> 반드시 깊이 생각하여야 아주 미묘한 것에까지 통달해야 하고, 어떤 일들을 충실하게 습득하지 않으면 위태로워져 안정되지 못한다. 그러므로 반드시 그 일들을 잘 배워서 충실하게 실행해야 하고, 깊이 생각하고 충실하게 배워 상호 계발하여 서로가 유익한 것이 된다(『성학십도』「진성학십도차」).

이처럼 퇴계는 성인의 공부는 마음에서 구해야 하고, 반드시 깊이 생각하여 미묘한 것에까지 통달하면 충실하게 실행해야 한다고 주장했다. 또한 퇴계는 지와 행을 함께 나아가는 것으로 설명했다.

> 선생의 학문은 하나같이 정주程朱로써 표준을 삼아 경과 의를 함께 지니고, 지와 행을 함께 추진하여, 안과 밖을 한결같이 하며, 근본과 말단을 겸비해서 큰 근원을 환히 뚫어보고, 큰 근본을 확고하게 세웠다(『퇴계언행록』「학문」).

위의 설명처럼, 퇴계의 학문은 경의敬義를 함께 유지하고, 지행知行을 병진하고 안팎을 하나로 만들어 큰 근원을 통찰하는데 있다. 그리고 퇴계의 학문은 단순한 앎이나 일시적 선행에 그치는 것이 아니라 지와 행의 진적력구眞積力久의 역정을 통해 자기완성을 지향하는 것이었다. 앎이란 일시에 이루어질 수 없는 것이므로 진실로 축적하는 것이 필요하며, 실행도 역시 일시에 이루어지는 것이 아니므로 오랫동안 힘써 노력해야 한다.

> 생각건대 지행은 두 수레바퀴나 두 날개와 같은 관계이니, 서로 선후가 되며 서로 경중의 관계에 있다. (......) 선지先知라 해서 다 알고 난 후에 비로소 행한다는 것이 아니고, 선행先行이라 해서 그 행한 후에 비로소 알게 된다는 것도 아니다. 시지始知에서 지지至知에까지 이르고, 시행始行에서 지종知終에까지 이르게 되는 것이니, 서로 도와 관철되고 호진한다(『퇴계전서』「답이강이」).

지식과 행동은 모두 점진적 방법에 의해서 이루어지는 것이지 일시에 깨닫거나 단번에 이루어질 수 없다고 보았다. 이는 불가의 돈오점수頓悟漸修보다는 점수돈오漸修頓悟가 학문의 방법으로 더욱 효과적이라고 퇴계는 생각했다.

퇴계는 율곡의 자질이 매우 뛰어남을 인정하고 학구적 열의를 칭찬하면서도 그 아쉬운 점을 지적하여 다음과 같이 말했다.

> 다만 남보다 뛰어난 자질로써 강설과 이해에 용이함을 말로 표현하는 것이 분발과 고심으로부터 연유하지 않은 것이 있고, 추진하고 행동한 것이 간절하고 독실함이 부족한 듯하다. 진실로 이와 같은 것을 그치지 않는다면, 그것이 결국 세상의 풍조에 변화되지 않을 것이라 보장하기 어렵다(『자성록』「답이숙헌」).

이처럼 퇴계는 다만 아는 것이 아니라 역행을 간절하고 독실하게 하는 것에 더 많은 관심과 비중을 두고 있다. 퇴계는 지행병진知行幷進을 교육방법으로 중시하고 있다. 퇴계가 지행병진을 강조하는 이유는 학문이나 지식이 일상생활과 분리되지 않기 때문이다. 사물의 이치는 고원심대高遠深大한 곳에 있는 것이 아니라 일상생활 속의 있다고 퇴계는 생각했다. 지식이 일상생활과 분리되어 있지 않다는 논리는 퇴계의 천인합일 사상에서 연원되는 것이다. 즉 지식의 본체인 천도天道는 일상생활 속에 내재해 있는 것이다.

> 배움을 넓게 하지 않을 수 없고, 물음을 자세히 하지 않을 수 없고, 실천함을 삼가지 않을 수 없고, 변별을 분명히 하지 않을 수 없으니, 이 네 가지는 치지의 절목이다(『퇴계전서』「무진육조소」).

그리고 퇴계는 지식을 확장하는 방법은 박학博學, 심문審問, 신사愼思, 명변明辯이라고 설명했다. 그리고 진지眞知와 실천은 수레의 두 바퀴와 같고, 사람의 두 다리와 같다고 설명하면서 지행의 호진을 강조했다.

> 참된 앎과 이를 실천하는 것은 수레의 두 바퀴와 같아서 둘 중 하나가 빠져서도 안 되며, 사람의 두 다리와 같아서 서로 기다려 함께 나아가야 한다(『퇴계전서』「무진육조소」).

또한 퇴계는 언행의 신중을 강조하였는데, 그 이유를 『자성록』의 서문에서 다음과 같이 설명하고 있다.

> 옛날 사람이 말을 함부로 하지 않은 것은 몸으로 실천하지 못함을 부끄러워했기 때문이다. 이제 벗들과 더불어 편지를 주고받으며 강구함에 그 말을 부득이 하지 않을 수

없었으니, 이제 스스로 부끄러움을 이기지 못하겠다. 하물며 이미 말한 뒤에 상대방은 잊지 않았으나 내가 잊은 것이 있고, 상대방과 내가 모두 잊은 것도 있다. 이는 부끄러운 일일 뿐 아니라 거의 기탄忌憚 없는 것에 가까우니 매우 두려운 일이다. 그 동안 옛날 상자를 들추어 보존되어 있는 원고를 다시 베껴 책상 옆에 두고 때때로 열람하면서 반성의 자료로 삼는다(『자성록』「자성록서」).

퇴계는 앎과 행동을 분리하지 않고 지속적으로 '푹 잠기어야만'[우유(優遊)] 절도에 맞고 이치를 얻을 수 있다고 했다.

공부를 하고 또 하여 오랜 세월동안 그 속에 잠길 대로 잠긴 이후에야 앎과 행함이 저절로 절도에 맞게 되어 얻는 바가 있다(『자성록』「답정자중」).

이치는 알기 어려운 것이 아니라 행하기가 어려운 것이며, 행동하기가 어려운 것이 아니라 참된 것을 쌓고 힘쓰기를 오래도록 지속하기가 더욱 어려운 것이다(『자성록』「답이숙헌」).

퇴계에 있어 참다운 지식은 신체를 매개로 한 구체적 사실로서 행동으로 나타나야 되는 것이다. 그는 객관적 대상을 다만 인식하는 것에 그치지 않고 성인의 실현을 목표로 한 실천적 행위라는 관련 속에서 의미를 찾고 있다. "퇴계의 윤리관은 가치의 인식이 목적이 아니고 가치의 실천에 궁극적 목적을 두고 있음을 알 수 있다."[18]

그러므로 퇴계에 있어서 지와 행의 관계는 합일의 관계가 아닌 호진의 관계이다. 지가 윤리적 행위가 되기 위해서는 반드시 인간의 의지와 노력이 있어야 한다. "이치를 궁구하고 실천으로 체험해야 비로소 참으로 아는 것"[19]이 되며, 또 "옳은 것을 배운다는 것은 그 아는 바를 몸으로 실천한다는 것이다. 옳다고 하는 것은 선하다고 하는 것과 같으며, 배운다는 것은 행한다는 것과 같다."[20]라고 말하는 것은 모두 지행병진을 강조한 것이다.

제4장 개인생활에 있어 퇴계의 인성교육

1. 학문탐구와 인격완성

입지와 위기지학

태평한 세상을 위한 학문의 포부

학문을 시작하는 사람들에 있어 입지는 매우 중요하다. 입지가 중요한 까닭은 학문을 시작하고도 행여 미치지 못할까 걱정하면서 늘 새롭게 다짐해야 하기 때문이다. 그래서 학문하는 사람에게 있어 입지는 자아실현을 위한 자신과의 약속이며, 성학聖學을 달성하려는 원대한 포부이다.

일찍이 장자張子는 "천지를 위해서 뜻을 세우고, 백성을 위하여 도를 세우고, 옛 성인을 위하여 학문을 이어받고, 만세를 위하여 태평한 세상을 열어야 한다."[21]고 주장하여 학문에 대한 자신의 입지를 천명했다. 또한 율곡 이이栗谷 李珥: 1537~1584도 입지의 중요성을 다음과 같이 강조했다.

> 처음 배우는 이는 무엇보다 먼저 뜻을 세워야 한다. 반드시 성인이 되겠노라고 스스로 다짐하고, 조금이라도 자신을 하찮게 여기거나 중도에 물러설 생각을 하지 말아야 한다. 평범한 사람들도 성인처럼 그 본성은 동일하다(『격몽요결』).

이처럼 입지는 유학의 교육적 인간상인 성인에 도달하기 위한 하나의 준거이며, 스스로에 대한 기약期約이다. 또한 입지는 학문

● — **장자의 초상화**: 장자(張子; 1020~1077)는 중국 북송시대의 철학자로 이름은 재(載)이며, 자는 자후(子厚)이며, 호는 횡거(橫渠)이다. 저서에 『정몽(正蒙)』과 『횡거역설(橫渠易說)』 등이 있다.

수양을 위한 자각적 태도의 확립이며, 초지일관初志一貫하려는 정신적 자세이다. 입지가 견고하지 않으면 학문적 성취를 이룰 수 없으며, 유학의 궁극적 교육목표라 할 수 있는 '사람됨의 길'에 도달할 수 없다.

퇴계는 『자성록』과 『퇴계선생언행록』에서 입지의 중요성을 여러 차례 강조했다. 즉 "선생이 하루 종일 주신 가르침은 모두 뜻을 세움이 독실하지 못하고 행동이 말을 따르지 못함에 관한 것이었다."[22]고 강조하여 퇴계는 제자들에게 입지를 항상 가르쳤다. 그리고 퇴계는 "공부하는 사람은 마땅히 꿋꿋해야만 비로소 근거하여 지킬 바가 있을 것이다."[23]라고 주장하였고, "배우려는 자는 먼저 입지하여야 한다."[24]고 설명하여 초학자의 공부를 위한 관건은 입지라고 했다.

그리고 퇴계는 "무릇 선비의 병통이 되는 바는 뜻을 세움이 없는 것이다. 진실로 뜻이 성실되고 돈독하면, 어찌 학문이 이루어지지 않고 도리를 듣지 못함을 근심하겠는가?"[25]라고 하여 공부하는 사람의 확고한 입지를 언급했다. 또한 퇴계는 일의 선행조건으로 입지를 언급하였고, 그것을 근본으로 삼았다.

> 사람이 무엇을 하려면 반드시 뜻을 세워서 근본을 삼아야 한다. 뜻이 서지 않으면 일을 할 수가 없다. 그리고 비록 뜻을 세웠다하더라도 만약 공경함의 실천을 통하여 이를 붙잡아 주지 않는다면, 역시 이 마음이 들떠서 중심을 가지지 못하여 할 일 없이 세월만 보내 것이니 결국은 빈말이 되고 말 것이다(『퇴계선생언행록』「논지경」).

유학은 인간의 도덕적 완성을 추구하는 수양론에 근거한다. 마찬가지로 퇴계의 학문 정신은 인격적 완성에 토대를 두고 있다. 퇴계는 인간의 본연지성을 잘 보존하고 사악한 마음을 제거할 수 있다면, 누구라도 성인이 될 수 있다고 여겼다. 즉 퇴계는 "모름지기 먼저 뜻을 세우면, 순舜은 어떤 사람이고, 나는 어떤 사람인가. 노력만 하면 나도 순과 같은 사람이 된다."[26]고 주장하여 어떠한 사람도 성인의 경지에 도달할 수 있다고 보았다. 입지가 견고해야 스스로의 원대한 뜻을 기약할 수 있다. 때문에 퇴계의 입지는 인성교육의 핵심 방법이었다.

자기성찰의 학문

유학은 타인을 다스리기 위한 학문[위인지학(爲人之學)]이 아니라 자신의 인격을 수양하는 학문[위기지학(爲己之學)]을 중시했다. 위기지학은 지식에 대한 이론적 탐구에 그치는 것이 아니라 끊임없는 자기성찰을 통해 인간 존엄성의 극치를 이해하고, 그것의 실현을 목적으로 한다. 마찬가지로 퇴계가 학문함에 있어 간절히 염원한 것은 구인求仁하여 성인이 되고자 하는 진정한 의미의 위기지학이었다. 그래서 퇴계는 위기지학의 목적을 다음과 같이 설명하고 있다.

> 위기爲己의 학문은 도리를 우리들이 당연히 인식해야 할 것으로 삼고, 덕행을 우리들이 당연히 행동해야 할 것으로 여긴다. 가까운 곳에서 공부를 시작하여 마음으로 터득하고 몸으로 실천하기를 기약하는 것이 이것이다. 위인爲人의 학문은 마음으로 터득하는 일이나 몸으로 실천하는 일에 힘쓰지 않으며, 허식으로 밖을 꾸며서 겉치레를 좇아 명성이나 칭찬을 추구하는 것이다(『퇴계선생언행록』「교인」).

이처럼 퇴계의 설명에 의하면, 위기지학은 덕행을 실천하며 심신의 수양을 중요시하지만, 위인지학은 허식의 겉치레를 좇아 명성이나 칭찬을 추구하는 것으로 보았다. 오늘날 우리의 교육이 시험을 위한 지식공부와 사회생활을 위한 취직공부만을 하는 것은 위인지학과 흡사하다. 그러나 교육의 본질인 '인간됨의 실현'을 생각한다면, 이 시대에 반드시 필요한 것은 바로 위기지학의 인성교육이다. 그리고 퇴계는 위기지학을 깊은 산속에 홀로 피어 있는 난초의 향기에 비유하여 설명하기도 했다.

> 군자의 학문은 자신을 위할 따름이다. (......) 깊은 산속 수풀이 무성한 가운데, 한 떨기 난초가 있다. 하루 종일 맑은 향기를 머금고 있지만, 난초 자신은 그것이 향기로운 것인지도 모른다. 이것이 바로 군자의 자신을 위한 학문이란 뜻과 정확하게 합치된다(『퇴계선생언행록』「교인」).

심성수양과 인격수양

사람됨의 길을 위한 학문

유학은 사람됨의 길을 밝히려는 학문이다. 사람됨의 길은 인간으로서 바람직하고 보편타당한 가치를 실현하고 그 가치를 완성하는 것이다. 그리고 유학은 천인합일의 교육적 인간상을 추구하고 있으며, 그 경지에 도달한 사람을 성인이나 군자라고 했다. 때문에 유학은 성인에 도달하는 것을 학문의 목표로 기약하고, 군자를 이상적인 교육적 인간상으로 설정한다. 성인이나 군자를 현대적인 의미로 나타내면, 도덕적인 품성과 지행의 덕성을 함께 지닌 자아실현의 인간으로 설명할 수 있다. 따라서 유학은 인간의 바람직한 심성수양과 인격완성을 염원하는 '교육인간학'[27]이다.

퇴계의 인성교육은 유학을 토대로 전개되고 있기 때문에 역시 심성수양과 인격완성을 강조했다. 즉 퇴계의 학문적 관심은 인간의 도덕적 자기완성을 추구하는 인격수양으로 귀결된다. 특히 인간의 선천적 천성을 천리天理라고 보고, 이 천리를 분명히 파악하고 실천하는 것이 학문의 요결이라고 퇴계는 강조한다. 그리고 퇴계는 극기공부의 어려움을 토로하면서 사악한 생각은 때로 억누를수록 제어하기 어렵다고 설명했다.

> 극기공부에 대하여 말씀하기를, 사특한 생각이 일어나는 경우 한 번 정신을 가다듬기만 하면 곧 가라앉아 버리는 때도 있고, 억누를수록 더욱 제어하기 어려운 때도 있다. 무릇 하루 동안의 기운도 어둡고 밝음에 차이가 있다(『퇴계전서』「천명도설」).

이처럼 하루 동안의 기운도 명암에 차이가 있듯이 인간의 사특한 생각도 정신집중으로 쉽게 제거할 수도 있지만, 오히려 외부의 작용을 통해 억제하고자 할 경우에는 더욱 어려울 수도 있다고 했다. 퇴계는 이러한 사특한 생각에서 벗어나기 위해 항상 경계하고 성찰해야 한다고 강조했다. 즉 퇴계는 인간의 내면적 심성을 타락하지 않도록 수양하고 성찰하여 성인의 경지에 도달하고자 하는 데에 학문의 목적이 있음을 천명했다. 이는 퇴계가 도덕적 인간관을 바탕으로 지경持敬의 인성교육을 강조했다고 볼 수 있다.

그리고 퇴계는 마음의 공부에서 정제整齊와 엄숙嚴肅을 역설했다. "다만 정제하고 엄숙하라. 위엄 있고 조심하라. 용모를 바르게 하라. 모든 생각을 바로잡고 가지런히 하라. 의관을 바르게 하고 보는 것을 공경히 하라."[28]고 퇴계는 강조했다. 정제와 엄숙은 퇴계에 있어 거경居敬의 방법이다. 거경은 퇴계의 수양론에서 핵심적인 개념이며, 성인을 지향하는 인격 형성의 중추적中樞的 용어이다.

> 거경은 항상 현실생활 가운데서 경과 생활이 서로 어긋나지 않도록 해야 한다. 말하는 일도 경하고, 움직이는 일도 경하며, 앉아 있을 때도 경하여 잠시라도 경에서 떠나서는 안 된다(퇴계선생언행록』「논지경」).

이처럼 거경은 학문과 수양의 구체적 실천 방법이자 실천 기준이다. 또한 퇴계는 정주학程朱學을 학문의 표준으로 삼아 경의敬義와 지행知行, 그리고 표리表裏와 본말本末을 분리하지 않고 겸비해서 사물을 궁리하고 근본을 탐색해야 한다고 강조했다.

> 선생의 학문은 하나같이 정주程朱로써 표준을 삼아 경과 의를 함께 지니고, 지와 행을 함께 추진하여, 안과 밖을 한결같이 하며, 근본과 말단을 겸비해서 큰 근원을 환히 뚫어보고, 큰 근본을 확고하게 세웠다(『퇴계선생언행록』「학문」).

퇴계는 경의협지敬義夾持, 지행병진知行幷進, 표리여일表裏如一, 본말병거本末幷擧를 인격완성의 구체적 방법으로 삼았다. 따라서 "퇴계의 윤리관은 가치의 인식이 목적이 아니고 가치의 실천에 궁극적 목적을 두고 있음을 알 수 있다."[29] 퇴계에 있어서 지와 행의 관계는 합일의 관계가 아닌 호진의 관계이다. 지식이 윤리적인 행위로 되기 위해서는 반드시 인간의 의지와 노력이 있어야 한다고 퇴계는 보았다.

2. 거경궁리와 교수방법

거경궁리의 방법

늘 깨어있는 정신 상태

유학교육의 목적은 사람됨의 올바른 정신을 함양하고, 그 정신을 일상생활에 실천하려는 데에 있다. 그래서 유학교육은 진리에 대한 개념적 인식이나 전수傳受 보다는 인간 자신의 주체적 성찰과 실천적 가치를 중시했다. 이는 바로 인성교육과 직결되었다. 인성교육의 핵심은 성인의 경지에 도달하는 것이며, 인간본성의 도덕적 자각을 통한 실천에 귀결되었다.

마찬가지로 퇴계의 교육은 구인성학求仁聖學과 덕성함양德性涵養을 근본으로 한다. 퇴계는 구인성학과 덕성함양을 위한 방법으로 거경과 궁리를 강조한다. "거경궁리는 퇴계의 독특한 교육목적 실천관인 '경'을 지향한다. 거경은 '입본사入本事'이며, 궁리는 '치지사致知事'이다."[30]고 설명했다. 따라서 거경은 행위와 관련된 심성교육 혹은 도덕교육이며, 궁리는 사물의 인식과 연관된 지식교육이라 할 수 있다. 거경과 궁리는 '삶과 앎'의 실천적 가치이며, 이 둘은 두 가지 공부이지만 불가분의 관계에 있다. 우선 거경을 살펴본다.

"거경은 구인求仁을 위한 내적·정신적 수양에 본의가 있다."[31] 고 퇴계는 설명한다. 또한 퇴계는 "경은 일심의 주재이며 만사의 근본이다."고 역설했다. 즉 경은 마음의 동정을 좌우하고, 만사를 실천하는 근본으로 생각했었다.

퇴계는 항상 '깨어 있는 상태'[성성(惺惺)]가 거경의 본질이라고 했다. 즉 "마음이 항상 깨어 있어서 게으르고 방종함이 없다면, 몸의 모든 부분이 저절로 수렴되고 검속檢束을 받아서 마음의 명령을 따르게 된다."[32]고 퇴계는 말했다. 그러므로 퇴계는 항상 깨어 있는 마음을 유지하여 태만하고 방종하지 않아야 거경할 수 있다고 했다. 그리고 퇴계는 공경함의 실천을 통해 마음의 중심을 잡아야 하고, 학문을 함에 있어 오직 '하나에만 집중'[전일(專一)]해서 오랫동안 실행해야 한다고 했다. 이렇게 될 때 비로소 퇴계의 수양론에 있어 핵심적 가치인 인격적 완성이 가능하다고 보았다.

> 학문을 하는 도리는 반드시 전일한 마음으로 유구悠久한 기간에 걸쳐서 해야만 비로소 이루어지는 것이다. 만약 들었다 나갔다 하는 마음을 가지고 하다가 말다가 하는 배움을 한다면, 학문이 무엇으로 말미암아 이루어질 수 있겠는가?(『퇴계선생언행록』「논지경」).

이처럼 퇴계는 전일집중해서 오랫동안 노력해야만 학문을 성취할 수 있다고 보았다. 학문에 대한 유구한 노력은 퇴계가 이이李珥에게 준 편지에도 나타난다. 즉 학문에 있어 "이치를 깨닫는 것이 어려운 것이 아니라 실천하기 어렵고, 실천이 어려운 것이 아니라 참된 것을 쌓고 힘쓰기를 오래도록 하는 것이 더욱 어렵다."[33]고 했다. 거경을 실천함에 있어 진실로 필요한 것은 바로 '진적역구眞積力久'였다. 그리고 퇴계는 "거경을 실천하면 마음이 통일되고, 마음이 통일되면 사려는 저절로 고요하게 된다."[34]고 주장했다. 즉 퇴계는 거경을 통한 마음의 통일과 깊은 생각으로 심성의 안정을 유지하였으며, 항상 겸손하고 공경스러운 자세를 일상생활에서 실천했다.

퇴계는 경을 유지하는 것이 공부의 긴요한 방법이라 생각했다. 예컨대, "공부하는 요령은 모두 경을 떠나지 않는다. 대체로 심성은 우리 몸의 주재이고, 경은 다시 심성의 주재이다."[35]고 퇴계는 역설했다. 그래서 퇴계는 공부하는 방법을 지경持敬이라 보았고, 경은 마음의 본성을 주재한다고 설명했다. 왜냐하면 지경을 통해서 본연지성을 회복해야만 성인의 경지에 도달할 수 있다고 보았기 때문이다. 또한 퇴계는 경을 철두철미의 의미로 설명했다.

> 경은 위에서 아래까지 꿰뚫어 관철하고, 확실하게 하고 충분히 터득하여 마땅히 어떤 일에 매달려 놓치지 말아야 한다는 것이다. 그러므로 주자의 학설도 이와 같은 것이며, 이제 여기의 열 가지 그림도 모두 경으로써 주요 내용을 삼은 것이다(『성학십도』「대학도」).

퇴계는 경의 상태를 '위에서 아래까지 꿰뚫듯 훼함'[철상철하(徹上徹下)]으로 인식하였고, 확실하고 충분히 터득한 상태로 설명하여 본질을 잃어버리지 말아야 한다고 주장했다. 경을 도달하기 어려운 거창한 태도가 아니라 모든 일상에 스며들어야 하는 일상적 자세라고 보았다. 그래서 퇴계는 『성학십도』의 그림도 모두 경을 주요 내용으로 삼았고, 경을 성학의 요체要諦로 보았다. 그리고 퇴계는 경을 정제엄숙整齊嚴肅으로 설명했다

> 처음 배우는 자를 위한 계책으로는 정제엄숙 위에서 공부하는 것 만한 것이 없다. 무엇을 꼭 찾아내려 하거나 무엇을 어떻게 안배하려 하지 않는다. 다만 규율과 법도에

바탕을 두고, 남들이 볼 수 없는 으슥하고 은미한 경우를 삼가고 경계하여 자신의 본래 마음에서 제멋대로 하지 않는다. 조금이라도 흐트러지는 일이 없도록 하여 오랜 시간이 지나게 되면 저절로 마음이 늘 깨어 있고, 저절로 일물一物의 간여를 용납하지 않게 되어 조금도 '잊어버리거나 조장'[망조(忘助)]하는 병들이 없어지게 될 것이다(『퇴계선생언행록』「논지경」).

퇴계가 초학의 방법으로 강조한 정제엄숙은 외적인 태도를 단정히 하고 심신을 엄숙하게 가지는 것이었다. 퇴계는 정제엄숙의 상태로 조금도 흐트러지는 일이 없어서 오래 지속되면 늘 깨어 있고, 망조忘助하는 병이 없어지게 된다고 설명했다. 여기서 망조는 물망물조勿忘勿助의 줄임말인데, 『맹자』의 호연지기浩然之氣를 설명하면서 나온 말이다. 즉 "반드시 일이 있다고 해서 결과를 예기豫期하지 말며, 마음으로 잊어버리지 말며, 그렇다고 해서 자라기를 도와주지도 말라."36)고 한 곳에서 유래한 말이다. 이는 호연지기의 수양 방법이며, 이것을 퇴계는 지경으로 설명했다. 따라서 이것은 인간의 본래적 마음을 수양하는 인성교육의 방법으로 볼 수 있다.

거경은 인간본성을 순수하게 정제整齊하는 내적 수양공부이며, 궁리는 사물의 이치를 추구하는 객관적 인식공부이다. 거경과 궁리는 한 가지로 볼 수 있지만, 엄연히 두 가지 공부이다. 그러나 퇴계는 거경과 궁리를 두 가지로 분리하는 것을 경계하면서 호진互進해야 한다고 했다.

궁리와 거경은 비록 머리가 되고 꼬리가 되지만, 사실은 두 가지 공부이니, 일체 두 가지로 나누어짐을 근심하지 말고, 오직 궁리와 거경은 반드시 호진을 방법으로 삼아야 한다(『자성록』「답이숙헌」).

여기서 거경과 궁리의 호진은 "지식 자체를 위한 지식으로서의 객관지보다 의리[善]를 위하고 행하는 데 필요한 실천지를 '진리'로 간주하면서 추구하고 있다."[37]고 보았다. 즉 퇴계는 개념적 인식보다는 실천적 가치를 더욱 중요시했다. 그리고 퇴계는 궁리의 단서는 여러 가지로 보았기 때문에 한 가지 방법에 구속되면, 오히려 싫증과 게으름이 생겨 궁리하는 것을 미루고 도피한다고 설명한다.

궁리의 단서는 여러 가지이니, 한 가지 방법에 구속되면 안 된다. 한 가지 일을 궁구하여 얻지 못하면 곧 싫증과 게으름이 생겨나는 것과 같다. 마침내 다시 궁리를 일삼지 않는 것은 미루고 도피하는 것이라 해도 된다(『자성록』「답이숙헌」).

일상생활의 공부

퇴계는 궁리의 공부를 '하학이상달下學而上達'로 생각했다. 즉 일상생활에 필요한 기본적인 공부를 성취한 다음에 우주 심성에 관한 성리학 공부를 실시해야 한다고 강조했다. 일찍이 공자도 "근본이 서야 세상의 이치가 생긴다立本而道生."고 했다. 그러므로 퇴계는 학문에 있어 가장 먼저 해야 할 것을 낮은 곳에서 시작하며, 쉽고 기본적인 일상생활에서 출발해야 한다고 보았다. 이는 현대교육이론에서 보면, 학습자의 능력과 발달단계를 고려한 교육방법이라 볼 수 있다.

> 대체로 유자의 학문은 높은 곳을 오르려면 반드시 낮은 곳에서부터 시작하고, 먼 곳을 가려고 하면 반드시 가까운 곳에서부터 가야한다. 무릇 낮은 데서부터 하고 가까운 데서부터 하는 것이 본디 멀고 느린[(우완(迂緩)]것 같지만, 이것을 버리고, 또 어찌 높고 먼 곳으로 가겠는가(『자성록』「답황중거준량논백록동규집해」).

퇴계는 궁리함에 있어 성급함을 초학자의 병통으로 보았다. 학문은 점진적인 방법으로 성취해야 하는 것이지, 한 순간에 갑자기 깨닫는 것은 불가능하다. 퇴계는 싹을 뽑아 자라기를 바라는 '알묘조장揠苗助長'으로는 사물의 이치를 올바르게 이해할 수 없다고 보았다. 공부를 시작하는 단계에서 누구나 성급하고 어려움이 따르지만, 서두르지 말고 점진적인 방법으로 노력해야 성취할 수 있다고 퇴계는 제자들에게 강조했다.

> 심기의 근심은 바로 이치를 살핌에 철저하지 못하여 부질없이 캐며 억지로 찾고, 마음을 조존操存[38]하는 데에 방법이 어두워 싹을 뽑아 올려 자라기를 돕듯이 했다. 그러나 마음을 쓰고 노력을 다한 것을 깨닫지 못함으로써 여기에 이르게 된 것이다. 이것 역시 초학자의 공통된 병통이다(『자성록』「답남시보」).

퇴계는 궁리의 방법으로 일상생활의 평이하고 명백한 곳에서 출발하여 익숙하고 젖어들게 하는 깨달음을 역설했다. 퇴계는 공부뿐만 아니라 일상생활의 모든 일을 억지로 해서는 안 된다는 점을 강조했다.

> 궁리는 모름지기 일상생활의 평이하고 명백한 곳에서 나아가 간파하여 익숙하게 하고, 이미 아는 것에 노닐고 넉넉히 잠기어야 한다. 오직 뜻을 둔 것도 아니며, 뜻을 두지 않는 것도 아닌 상태에서 처리하고 마음에 잊지 말아야 한다. 이러한 노력을 오랫동안 쌓으면, 저절로 녹아들어 터득함이 있을 것이다. 더욱이 집착하거나 구속하여 빠른 효과를 얻고자 해서는 안 된다(『자성록』「답남시보」).

이처럼 퇴계는 궁리의 방법을 일상의 '까다롭지 않고 뚜렷한'[평이명백(平易明白)] 곳에서 시작하여 오랫동안 '넉넉히 잠기면'[함영(涵泳)] 사물의 이치를 인지할 수 있다고 보았다. 함영은 '물속에서 팔다리를 놀리며 떴다 잠겼다 하는 짓'인데 궁리의 공부를 이렇게 해야만 온전하게 이치를 얻을 수 있다고 했다. 따라서 앎이란 단순한 지식으로 그치는 것이 아니라 그것을 몸으로 행동하여 깊이 익히는 것을 중요하게 여기며, 그렇게 될 때 비로소 참된 앎을 인식하는 것이다.

유학의 공부 방법은 사물의 이치를 궁리함에 있어 종합과 분석을 대립적인 측면에서 이해한 것이 아니라 유기적 관계를 지닌 것으로 파악했다. 마찬가지로 퇴계는 가슴에 간직한 마음을 넓게 잡고 안목을 높게 잡아 일체의 선입관을 배제해야 한다고 강조했다. 퇴계는 이를 '주실무편周悉無遍'의 용어로 표현했다.

대저 의리의 학문은 지극히 정밀하고 미묘한 것이다. 반드시 마음을 크게 하고 안목을 높게 하여 일체 하나의 학설로 주장을 삼지 말고, 마음을 텅 비우고 기운을 고르게 하여 천천히 그 의리와 취지를 살펴야 한다. 같음 가운데 나아가 다름이 있음을 알고, 다름 가운데 나아가 같음이 있음을 보며, 나누어 둘로 하여도 그 일찍이 떨어지지 않음을 해치지 않고, 합하여 하나로 해도 실제로는 서로 협잡하지 않음으로 귀착되어야만, 두루 알고 치우침이 없게 되는 것이다(『자성록』「답기명언사단칠정분이기변제일서」).

퇴계의 '주실무편' 방법은 전통 유학에 있어 횡설수설橫說竪說의 체계적 탐구방법과 일맥상통한다. 궁리 공부의 핵심은 바로 보편적인 이치를 추구해야 하지만, 하나의 편벽된 관점에서 벗어나는 것이 필요하다. 즉 퇴계의 궁리는 정밀한 분석을 통한 종합적 이치의 발견을 중요시했다. 이는 사고 방법에 있어 폐쇄적 관점이 아니라 개방적 관점으로 사물의 이치를 파악하는 것이다. 그러므로 퇴계의 궁리는 종합과 분석의 유기적 관계로 이해할 수 있다.

학문과 교수방법

독서의 방법

유학은 구인성성求仁成聖을 추구한다. 유학의 경전을 읽고, 배운 바를 일상생활에 실천하는 것은 유학적 인간상의 전형典型이며 대표적인 표상表象이다. 유학자에게 있어 독서는 지식을 획득하기 위한 수단이 아니라 학습한 지식을 현실에 실천하기 위한 방편이며 목적이다.

그러나 현대인에게 있어 독서는 입시와 취직을 위한 수단이요, 현실생활에 필요한 정보를 획득하기 위한 통로이다. 그러다 보니 현대인들은 일상생활에 실천되는 지식이 아니라 '아는 지식'[앎]과 '머릿속의 기억'[정보]을 위해 독서를 필요로 한다. 하지만 퇴계의 독서방법은 단순한 앎에서 종결되는 것이 아니라 삶 속에 '실천되는 앎'[진지(眞知)]을 추구한다. 따라서 퇴계의 독서는 삶을 위한 시작의 증표證票이며 하나의 지남指南이다.

퇴계는 숙부 이우李堣: 1460~1517에게 『논어』를 배우면서 엄격한 독서의 가르침을 받았는데, 마음을 가다듬어 조금도 게을리 하지 않았다. 즉 퇴계는 독서와 배움을 끊임없이 반복하면, 나중에 혼자서도 이해하여 통달할 수 있다고 강조했다. 이는 먼저 내용을 완벽하게 외운 뒤 의미를 치밀하게 파악하는 방식이었다.

> 새로운 것을 얻으면 반드시 옛것을 다시 익히고, 한 권을 마치면 그 한 권을 모조리 외우고, 두 권을 마칠 때도 역시 그 두 권을 모조리 외웠다. 이와 같이 오래하자 차츰 처음 배울 때와는 달라져서 서너 권을 읽게 되어서는 간간이 혼자서도 이해하여 통달할 수 있는 곳이 있었다(『퇴계선생언행록』「독서」).

그리고 퇴계는 경전을 대충 말하거나 대강 암기하는 문자의 공부가 아니라 글에 담긴 성인의 언행을 자신이 체득하는 인격적 실천의 공부를 강조했다. 즉 실질적인 공부는 암기를 통해 글의 내용을 실생활에 실천하여 자신의 덕성을 함양하는 것으로 보았다.

> 글을 읽는 요결은 반드시 성현의 언행을 마음에 체득하고 침잠하여 탐구한 다음에야 비로소 함양되어 학문이 진보하는 성과가 있을 것이다. 만약 대충대충 말하고 넘기며 대강대강 외울 뿐이라면, 글귀를 들은 대로 옮기는 말습末習에 불과한 것이다. 비록 천편의 글을 외우고 머리가 희도록 경전을 담론한들 도무지 무슨 이익이 있겠는가?(『퇴계선생언행록』「독서」).

퇴계의 독서방법은 요긴하고 절실한 글자를 먼저 파악한 후에 의미를 탐색하는 것이었다. 그렇지만 단순히 요긴한 글자만을 찾아 글의 대의大意를 잊어버린다면, 독서방법에 문제가 있다고 퇴계는 지적했다.

> 독서를 함에 있어서 구절 가운데 어떤 글자가 요긴하고 절실한가를 보아야 한다. 그러나 만약 사람이 글을 읽되 그 글의 큰 뜻을 볼 줄을 모르고서 반드시 먼저 무슨 자가 요긴하고 절실한가 하는 생각이 마음속에 가로놓인다면, 보내 주신 편지에서 말씀하신 바와 같은 근심이 없지 않을 것이다(자성록』「답김돈서부륜」).

한편, 책을 읽는 순서에 대하여 제자가 질문하자 퇴계는 『소학』과 『근사록』을 중시하였지만, 『심경』보다 더 절실한 것은 없다고 했다. 또한 퇴계는 『소학』과 『대학』을 "성학의 처음과 끝이 이루어지는 까닭이다."고 주장했다.

> 『소학』은 체용을 구비하고, 『근사록』은 의리가 정미하여 모두 읽지 않을 수 없다. 그러나 초학자가 노력하여야 할 것으로는 심경보다 더 절실한 것이 없다. (중략) 진실로 침잠沈潛하여 탐구하고 풀어나가되, 마치 직접 뵙고 가르침을 받는 것같이 한다면, 그것이 스스로 닦는 공부에 어찌 도움됨이 적다하겠는가?(『퇴계선생언행록』「독서」).

그리고 퇴계는 책을 "자세히 읽고 상세하게 음미하기를 오랫동안 한다면, 실체가 눈앞에 드러난다."고 했다. 즉 숙독熟讀을 오랫동안 하면 글의 의미를 발견할 수 있고, 마음속에 지닐 수 있어 '흠뻑 젖어드는 맛'[협흡지미(浹洽之味)]이 있다고 했다. 또한 퇴계는 자신의 능력을 고려하여 학문할 것을 주장했다. 자신의 능력을 무시한 채 의욕만을 앞세우면 건강을 해치고 심병心病을 불러온다고 경계했다.

> 학문하는 사람은 마땅히 자신의 기력을 헤아려서 자야할 때는 자고 일어날 때는 일어나야 한다. 그리고 때에 따라 곳에 따라 관성觀省하고 체험해서 이 마음으로 하여금 방일放逸하지 않도록 하면 될 것이다. 굳이 나처럼 무리하다가 병을 불러올 필요야 있겠는가?(『퇴계선생언행록』「학문」).

퇴계는 20세 전후로 『주역』에 몰두하여 먹고 자는 일조차 잊었고, 이때에 몸을 돌보지 않고 너무 집중해서 공부하다보니, 자신도 모르게 몸이 파리하고 초췌해지는 병[이췌(羸悴)]에 걸렸다고 한다. 퇴계는 자신의 경험을 토대로 제자들에게 그들의 능력에 맞추어서 공부할 것을 부탁했다. 이는 바로 체험과 경험에 바탕을 둔 퇴계의 긴요한 학문방법을 제자들에게 전수했다.

사제동행師弟同行의 가르침과 배움

교학상장敎學相長[39]은 유학의 중요한 학문방법이다. 즉 가르치고 배움을 통해 서로가 성장하는 것이며, 스승과 제자가 학문을 통해 인격적으로 성숙할 뿐만 아니라 학문적 발전을 도모하는 것이다. 그러므로 사제師弟는 질의문난의 도반道伴이며, 성학聖學을 함께 성취하려는 동인同人이다. 그러나 학문함에 있어 스승의 존재는 망망대해의 나침반과 같아서 스승은 반드시 필요하고 중요하다. 퇴계는 숙부 송재공을 스승으로 삼아 학문에 있는 힘을 다하였지만, 퇴계가 17세 때에 서거하였으므로 오직 혼자 공부하여 많은 시행착오를 경험했다.

> 내가 젊을 때부터 학문에 뜻을 두기는 하였으나 계발하여 줄 스승이나 벗이 없었다. 그래서 수십 년을 헤매면서도 어디로 들어가야 할지 어느 곳부터 손을 대야 할지 알 수가 없어서, 심사를 헛되이 낭비하면서 탐색하기를 그만두지 않아 밤새도록 정좌하여 잠을 자지 않았다(『퇴계선생언행록』「학문」).

이처럼 퇴계는 스승과 벗이 없어 학문함에 있어 방황을 하였고, 때로는 밤새도록 정좌하여 공부하였지만, 효과를 보지 못했다고 나중에 술회했다. "만약 선생과 학우를 얻어서 헤매는 길에서 지시받았다면, 어찌 마음과 노력을 잘못 사용함으로 해서 늙도록 터득함이 없는 데에 이르렀겠는가?"[40]라고 했다.

> 옛 사람들이 학문한 것을 보면, 비록 쉼 없이 노력하며 반성하기를 잠시의 간단도 용납하지 아니하였으나, 또한 반드시 거듭 쌓는 노력의 과정을 오래도록 하여 푹 잠기어 실컷 음미한 후에야 아는 바와 행하는 바가 저절로 순서에 따라 얻음이 있었다(『자성록』「답정자중」).

퇴계는 앎을 확대하는 것과 행을 실천하는 것을 항상 함께 나아가야[병진(竝進)] 한다고 강조했다. 또한 퇴계는 앎과 행동을 분리하지 말라고 강조했다. 즉 "공부를 하고 또 공부하여 오랜 세월동안 그 속에 잠길 대로 잠긴 이후에야 앎과 행함이 저절로 절도에 맞게 되어 얻는 바가 있다."[41]고 설명했다. 그래서 퇴계는 지행병진 혹은 지행호진을 학문의 방법으로 생각했다.

> 선생이 말하기를, 이미 아는 것으로 말미암아 더욱 탐구하는 것을 평생 동안 학문의 지름길[문로(門路)]로 삼는다는 것은 매우 좋다. 그러나 지식에 있어서만 그런 것이 아니라 실행에 있어서도 역시 이미 실천할 수 있게 된 것으로 말미암아 더욱 실행에 노력해야 한다. 이 두 가지를 아울러 힘써 나아간다면, 학문의 지름길이 차츰 통달되어 아무런 걸림이 없다(『퇴계선생언행록』「존성」).

퇴계에 있어 참다운 지식은 구체적 행동으로 실천되어야 의미가 있으며, 객관적 대상을 다만 인식하는 것에 그치지 않고 성인의 실현을 목표로 한 실천적 행위라는 관련 속에서 의미를 찾고 있다. “이치를 궁구하고 실천으로 체험해야 비로소 참으로 아는 것”[42]이 되며, 또 “옳은 것을 배운다는 것은 그 아는 바를 몸으로 실천한다는 것이다. 옳다고 하는 것은 선한 것과 같으며, 배운다는 것은 행동한다는 것과 같다.”[43]라고 말하는 것은 모두 지행병진을 의미한다. 그리고 퇴계의 학문은 경의를 중시하였고, 지행을 강조하여 내외를 일관하여 근본을 세우려고 했다.

퇴계는 학문의 방법을 거창하고 오묘한 곳에서 탐구해야 할 것이 아니라 항상 생활 속에서 사물의 이치를 발견하라고 주장했다.

> 세상의 이치는 일상생활 곳곳에 가득 차 있다. 단지 움직이거나 가만있거나 말하거나 침묵하는 동안이나 사람을 만나면서 지켜야할 도덕이나 윤리 가운데에도 있다. 평실명백하고 세미곡절하여 언제 어디서나 그렇지 않음이 없다. 세밀하게 이루어져 있어 언제 어디서나 이치가 아닌 것이 없다. 드러나면 눈앞에 있지만 묘한 곳에 들어가면 조짐이 없다(『자성록』「답남시보」).

퇴계는 학문함에 있어 충실하고 독실하였을 뿐만 아니라 제자의 가르침에도 싫증을 내거나 권태로워하지 않았고, 오히려 가르침의 즐거움으로 제자를 친구처럼 맞이했다.

> 후학을 가르침에 있어 싫증을 내거나 권태로워 하지 않았으며, 친구처럼 대하고 끝내 스승으로 자처하지 않았다. 선비들이 멀리서 찾아와서 의문점을 물으면, 그들의 깊이에 따라 일러주었다. 반드시 입지를 우선으로 삼고, 공경함

에 힘쓰고 사물의 이치를 밝히는 것을 공부할 곳으로 삼아서 자상하고 친절하게 인도하여 깨우쳐 주었다(『퇴계선생언행록』「교인」).

이처럼 퇴계는 제자들이 먼 곳에서 찾아와 의문점을 물으면 그들의 '능력에 따라 교육'[인재시교(因材施敎)]하였고, 입지를 강조하였으며, 자상하고 친절하게 인도하여 가르쳐 주었다. 그리고 퇴계는 '하학이상달下學而上達'의 교수방법을 역설했다. 즉 일상생활에 필요한 기본적인 공부를 성취한 다음에 우주심성에 관한 성리학 공부를 실시해야 한다고 강조했다.

쉬운 것부터 배우서 어려운 곳으로 나아가는 것이 최상의 순서이다. 그러나 배우는 사람이 오랫동안 배워도 얻는 것이 없으면, 중도에 그만 두기가 쉬워 본원을 바로 가리켜 보이는 것만 못하다. 그래서 선생은 배우는 사람을 접하여 이끌어줌에 있어서 자주 진리의 근원에 대하여 지시하여 주었다(『퇴계선생언행록』「교인」).

이처럼 퇴계는 학문에 있어 쉬운 것에서 출발하는 것이 최상의 순서라고 했다. 이는 현대교육이론에서 보면, 학습자의 능력과 발달단계를 고려한 교수방법이라 볼 수 있다. 또한 퇴계는 공부의 목적이 치지致知의 확대라고 보았으며, 치지에는 박학博學, 심문審問, 신사愼思, 명변明辯의 네 가지가 있다고 했다.

배움을 박식하게 하지 않을 수 없고, 물음을 심도있게 하지 않을 수 없고, 생각을 근신하게 하지 않을 수 없고, 변별을 분명하게 하지 않을 수 없으니, 이 네 가지는 치지의 절목節目이다. 네 가지 중에서도 생각을 근신하는 것이 제일 중요하다(『퇴계전서』「무진육조소」).

3. 존양성찰과 덕성함양

존양성찰存養省察의 방법

푹 빠지는 공부

퇴계의 인성교육에서 존양성찰은 심성을 다스리는 공부이다. 즉 마음공부이다. 그리고 퇴계는 자기성찰을 통한 인간 고유의 가치와 인간다움의 본질에 대한 추구를 학문적 목표로 삼았다. 그는 우주론적 탐색이나 진리에 대한 개념적 인식보다는 인간 자신의 주체적 성찰과 실천적 문제를 중시했다. '어떻게 알 수 있는가'의 문제보다는 '어떻게 행동할 수 있는가'의 실천적 가치가 중요한 과제였다.

존성은 존양성찰에서 나온 말이다. 또한 존양은 존심양성存心養性[44]으로 양심을 잃지 말고 그대로 간직하여 하늘이 주신 본성을 키워 나가는 것이다. 성찰은 반성관찰反省觀察에서 나온 말로서 자신의 잘못이나 허물을 돌이켜 생각하여 살펴보는 의미이다. 이는 올바른 인격완성을 위한 인성교육의 방법이라 할 수 있다.

> 군자의 학문은 마음이 발용하기 전에는 경에 입각해서 존양공부를 하고, 마음이 이미 발용 했을 때에는 경에 입각해서 성찰공부를 해야 한다(『퇴계전서』「천명도설」).

존양공부는 마음의 작용이 일어나기 전에 노력하는 공부이며, 성찰공부는 마음의 작용이 일어났을 때 주력하는 공부이다. 즉 경에 바탕을 두고 무사시無事時에는 천리의 본연을 함양하는 것이며, 유사시有事時에는 자신의 본성과 마음을 성찰하는 것이다. 그러나 퇴계는 존양공부와 성찰공부가 다른 이유를 다음과 같이 설명하고 있다.

> 사람이 하늘로부터 네 가지 덕의 천리를 구비하여 우리 몸의 주재로 삼는 것이 심이다. 사물이 마음에 감응할 때 선악의 기틀을 따라 마음이 작용하는 것은 정의情意이다. 그러므로 군자는 이 마음이 고요할 때는 반드시 존양해서 그 본체를 보존하고, 정의가 발할 때에는 반드시 성찰해서 그 작용을 바로 잡아야 한다(『퇴계전서』「천명도설」).

여기서 퇴계는 인성교육의 긴요한 방법으로 성찰을 강조한다. 사람은 선천적으로 '인의예지仁義禮智'라는 사덕四德을 지니고 태어나기 때문에 사덕의 보존이 인성교육에서 무엇보다도 중요하다. 즉 하늘에서 품부 받은 천리가 고요할 때는 본심을 잘 보존하여 천성을 수양하고, 정의가 발생했을 때는 마음을 성찰하여 그 작용을 바로 잡아야 한다고 퇴계는 주장했다. 따라서 퇴계는 일상생활 속에서 마음을 잘 간직하는 것이 가장 절실한 공부라고 보았다. 그리고 퇴계는 학문하는 것을 부지런하고 독실하게 할 것을 부탁했다.

학문은 단걸음에 도달할 수 있는 것이 아니라고 하였으니, 진실로 그러한 것이요, 또 이르기를 일이년 안에 그 효과를 기대했다니, 만약 이와 같은 식으로 생각한다면, 정말로 어설프고 벗어난 것이다. 이 일은 곧 종신의 사업이니, 비록 안자顔子와 증자曾子 같은 지위에 도달하더라도 오히려 끝났다고 말할 수 없다(『자성록』「답정자중」).

퇴계는 존양성찰의 공부를 단기간에 달성할 수 없음을 알고, 종신終身의 공부처럼 여기어 안회顔回와 증삼曾參의 경지에 도달하더라도 끝낼 수 없다고 했다. 공부의 성과를 성급하게 도달하려고 생각하면 그 공부는 성글고 본질에서 벗어난다고 퇴계는 경고했다.

퇴계는 일상생활에서 '생각을 너그럽게'[관착(寬着)] 하고 '넉넉히 잠기면'[우유함영(優遊涵泳)] 인간다움의 본질과 사물의 이치에 도달할 수가 있다고 했다. 그래서 퇴계는 성정性情을 가라앉히어 겉으로 드러나지 않도록 조심하는 침잠沈潛의 교육방법을 중시했다. 퇴계의 침잠은 함영과 같이 넉넉히 잠기는 방법이다.

진실로 침잠하여 탐구하고 풀어나가되, 마치 직접 뵙고 가르침을 받는 것같이 한다면, 그것이 스스로 닦는 공부에 어찌 도움 됨이 적다하겠는가?(『퇴계선생언행록』「독서」).

퇴계는 학문하는 사람의 큰 병을 독단과 독선으로 생각했다. 세상의 이치는 무궁한 것인데, 자신이 알고 있는 의리만을 옳다고 주장하는 것은 학자의 큰 병이라고 주장했다. 겸손하고 진지하게 참된 앎을 추구하는 것이 퇴계의 인성교육의 방법이었다.

이는 학문하는 사람의 개방적 태도이며, 올바르고 정확하게 사물의 이치를 발견하기 위한 수용적 방법이었다.

> 선생이 말하기를, 자기를 버리고 남을 따르지 못하는 것이 학문하는 자의 큰 병이다. 세상의 의리란 무궁한 것인데, 어떻게 자기만 옳고 남은 그르다 할 수 있겠는가라고 했다(『퇴계선생언행록』「존성」).

퇴계는 심성수양에서 예의를 공손하게 실천하는 것은 중요하지만, 공손해야 한다고 말로만 강조하여 명성을 얻는다면, 그것은 좀도둑과 같은 것이라고 했다. 그리고 본분에서 벗어나 과장하거나 보탬을 더하여 말하는 것은 도리가 아니라고 보았다. 이는 당시의 정치적 상황으로 자격이 없는 사람이 예의에 어긋나면서까지 관직에 앉아 있음을 비판한 말이다. 퇴계가 살았던 시기는 사림의 성장기였고, 기묘사화1519와 을사사화1545가 발생했다. 특히 을사사화에 간신들의 모함으로 백형이 연루되어 고초를 겪는 모습을 보면서 퇴계는 관직생활에 깊은 회의를 느꼈다.

> 옛사람이 예의를 행하여 공손해야 한다는 그대의 말은 옳다. 중요한 점은 궁극적으로 예란 실천했을 때 비로소 귀하게 되는 것이다. 그렇지 않고 공손해야 한다는 점만 강조하게 되면 한낱 웃음거리에 지나지 않는다. 하물며 실체가 없이 명성을 훔치는 것은 옛날에 좀도둑으로 비유했다(『자성록』「답정자중」).

한편, 끊임없는 자기 성찰을 통해 인간 존엄성의 극치를 이해하고, 그것의 실현을 목적으로 하는 퇴계의 학문적 본령은 『자성록』과 『퇴계선생언행록』에 그대로 반영되어 있다.

> 의정부사인이 되었을 때, 노래를 부르는 기생들이 앞에 가득한 것을 보고는 문득 한 가닥 희열하는 마음이 일어나는 것을 느낀 일이 있다. 이와 같은 마음의 기틀이 바로 삶과 죽음으로 길이 갈리는 것이다. 두려운 일이 아니겠는가(『퇴계선생언행록』 「존성」).

이때 퇴계의 나이는 43세였다. 관직에 나가 연회에 참석하면 희열의 기분이 생기는 것은 인지상정이다. 그러나 퇴계는 그 마음의 조짐이 바로 삶과 죽음의 갈림길이라고 여겨 바로 마음을 고쳐 자신의 행동을 성찰하고 반성했다. 그리고 퇴계도 역시 인간이었으며, 너무나도 인간적인 면모를 지니고 있었다. 사람의 마음이란 간사하여 수시로 변화하며, 장소에 따라 달리 행동한다.

> 사람의 마음가짐이 가장 어렵다. 일찍이 스스로 경험하여 보았는데, 한 걸음 걷는 사이에 마음이 그 한 걸음에 보존되어 있기도 어려웠다(『퇴계선생언행록』 「존성」).

퇴계는 한 걸음을 걷는 사이에도 처음의 마음을 보존하기 어렵다고 솔직하게 자신의 경험을 언급했다. 그렇지만 퇴계는 본래적 마음의 유지가 어렵지만, 존양성찰로 극기克己하여 순선지미純善至美의 본래적 심성을 유지해야 한다고 했다. 그리고 퇴계는 "이기를 겸하고 성정을 통제하는 것을 마음"[45]이라 설명했다

덕성함양德性涵養의 방법

가치와 의미의 개안開眼을 위한 교육

교육의 중요한 목적은 올바른 정신과 이상을 깨닫게 해주는 것이다. 이를 위해 가치와 의미에 눈뜨게 하는 것이 교육과정의 핵심이다. 교육과정은 궁극적으로는 개인의 정신 안에서 나타나는 현상이다. 왜냐하면 여기서 중요한 것은 자아형성이기 때문이다.

퇴계의 덕성함양은 자아의 인격적 완성과 같은 맥락이다. 인격개념에서 있어서 결정적으로 중요한 것은 초월적 자아가 그의 모든 유동적인 상태 속에서도 초시간적인 동일성을 가졌다는 것을 의미한다. 자아의 동일성이 밝혀질 때 인격이라는 개념이 성립된다. 또한 초월적인 자아가 다른 사람에게 책임적 존재로 나타날 때 인격이라는 개념이 성립된다. 때문에 우리는 퇴계의 '성숙인격'을 통해 퇴계가 강조하고자 했던 교육의 이상적 세계를 바라보고 가치와 의미를 깨닫게 된다.

퇴계는 교육을 통해서 도덕적 인간형성을 추구하였으며, 인격적 자아의 완성을 염원했다. 이는 결국 본래적 인간본성을 수양하여 성인의 경지에 도달하려는 노력으로 귀결되며, 이를 성취하기 위한 방법으로 덕성함양을 강조했다. 그러나 퇴계는 일상생활에서 덕성을 계발하는 것이 순리라고 보았다.

> 선생은 일상생활에서의 거동이나 말씀이 평이하고 명백하여 너무 고원한 일이 없었으며, 모든 거동이 예의에 맞아서 저절로 남들이 따를 수 없는 훌륭함이 있었다(『퇴계선생언행록』「성덕」).

퇴계는 덕성을 이미 높게 성취하였으나 항상 마음에 부족한 것처럼 겸손하였으며, 겸허함을 간직하여 자만하지 않았다. 뿐만 아니라 퇴계는 '군자불기君子不器'의 가르침을 되새겨 한 가지 일에 잘하는 것을 배척하였으며, 자부심에 지나친 사람을 보면 올바르지 못한 것으로 생각하여 반드시 경계했다.

> 선생은 겸허함을 덕으로 삼아서 털끝만큼도 자만하는 마음이 없었다. 도(道; 사물의 이치)를 보아 이미 밝았으나 아직도 보지 못한 것처럼 하였으며, 덕이 이미 높았으나 아무런 얻음이 없는 것처럼 겸연歉然했다. 보다 높은 경지를 지향하는 마음은 죽을 때까지 한결같아 항상 마음 가다듬기를 차라리 성인을 배우다가 이르지 못할지언정, 한 가지 잘하는 것으로 이름을 얻으려 하지 않았다. 세상 사람들 중에 자부심이 너무 지나친 자를 보면 몹시 옳지 않게 여기면서 반드시 거론하여 경계로 삼았다(『퇴계선생언행록』「성덕」).

이처럼 퇴계는 인간본연의 덕성을 잘 보존하여 항상 깨어있는 상태를 중시하였으며, 의리지학義理之學을 강조했다. 이의 방법은 오직 경을 힘쓰는 것에 있다고 퇴계는 말한다.

> 일이 없을 때에는 존양하여 성성惺惺할 따름이다. 강습하고 응접할 때에 이르러서는 바야흐로 의리를 생각하는 것이니, 본디 마땅히 이와 같은 것이다. 대체로 의리를 생각한다면, 마음이 이미 움직인 것이어서 이미 고요한 때의 경계에 속하지 않은 것이다. 그러나 이 뜻은 분명하여 알

기 쉽지 않은 것 같고, 사람이 참으로 아는 이가 드물다(『자성록』「답이숙헌」).

인간은 교만과 자만에 의해 본성에서 이탈할 수 있고, 이로 말미암아 자신을 속이고 타인을 해치는 죄에 빠진다. 이는 모두 사욕에 근거한다. 그래서 퇴계는 천리를 보존하고 사욕私欲을 제거하는 도덕적 실천윤리를 강조했다. 즉 퇴계는 욕심을 이기고 천부적 본성을 계발하는 것이 덕성함양의 인성교육이라 보았다.

선생의 학문은 사욕이 깨끗하게 없어지고 천리가 날로 밝아져서 나와 사물 사이에 이것이니 저것이니 하는 경계를 볼 수 없었다. 그 마음은 곧 바로 천지 만물과 더불어 위와 아래에서 같이 유행하면서 각기 제자리를 얻는 묘용이 있다(『퇴계선생언행록』「성덕」).

덕성함양에 이르면 사욕이 없어지고 물아物我의 경계[정휴(町畦)]가 없을 때 비로소 마음은 천지만물에 유행하고 신묘한 작용을 얻는다고 퇴계는 주장했다. 또한 퇴계는 정학正學을 숭상하여 명백한 의리만을 강조하여 유학 이외의 학문에 대하여 경계했다. 즉 "선생의 논설은 의리가 명백하고 적확하고 타당했다. 깊고 그윽하거나 심오하고 이상한 말은 한 번도 하지 않았다."[46]고 했다. 그리고 퇴계는 사욕에 의해 공리功利에 이끌리거나 이단에 미혹되지도 않았다.

선생의 학문은 주자를 마루로 삼아 공리에 이끌리거나 이단에 미혹되는 일이 없었다. 학문의 폭이 넓었으나 잡박

> 하지 않았으며, 간약簡約하였으나 고루하지 않았다. 학문을 논할 때는 반드시 성현에 근본을 두었으나 스스로 터득한 내용을 참작했다. 남을 가르칠 때 반드시 인륜에 바탕을 두었으나 우선 이치를 밝히는 공부를 앞세웠다. 자신을 지키기는 것은 바르게 하되 특별히 모난 행동은 하지 않았다(『퇴계선생언행록』「성덕」).

퇴계는 주자를 높이 받들어 숭배하였고, 스스로 주자를 '교육적 인간상'으로 설정하기도 했다. 그러다 보니 퇴계는 평생동안 주자학을 연구하고 강론했다. 위에서 보는 것처럼, 퇴계는 성현의 가르침과 인륜에 근본을 두고 학문과 교육을 실시하였고, 자신을 항상 반듯하게 하였지만 모난 행동을 하지 않았다. 이것이 바로 퇴계의 덕성교육의 함양이며, 인성교육이라 할 수 있다.

제5장 가정생활에 있어 퇴계의 인성교육

1. 가정경영과 자녀교육

효제孝悌는 가정생활의 근간根幹

전통사회에서 가정이란 가문 및 집안 등의 정신적으로 일관되어 내려오는 가족 전통이나 내력을 의미한다. 물론 이 정신적 전통을 나누어 가짐으로서 일체감과 소속감을 느끼며, 또한 종적이면서도 횡적으로 무궁하게 확장된 의미로 사용되었다. 한국 전통사회의 대강령大綱領이었던 유교윤리는 부자父子 중심의 가족생활을 강조했다. 뿐만 아니라 집이나 가문家門이라는 초시간적 및 초공간적 가치로서 부계의 혈연이 부단히 지속될 것을 요구했다. 그래서 가정에서는 무엇보다도 효제孝悌의 윤리가 강조되었다. 『논어』에는 효제의 중요성을 다음과 같이 설명하고 있다.

> 그 사람됨이 효성스럽고 공손하면서도 윗사람 해치기를 좋아하는 사람은 드물다. 윗사람 해치기를 좋아하지 않으면서도 혼란을 일으키기 좋아하는 사람은 없다. 군자는 근본에 힘써야만 하는 것이니, 근본이 확립되면 올바른 길이 생겨난다. 효성스러움과 공손함은 도리[인(仁)]를 이행하는 근본이다(『논어』「학이」).

예전부터 부모와 자식의 관계는 인위적으로 작위作爲하는 것이 아니라 하늘의 의지가 반영된 천속天屬이라 여겼다. 그래서 퇴계는 가정윤리에서 부모가 자식을 사랑하는 자애로움과 자식이 부모를 섬기는 효도를 천성 중에서 으뜸이라 생각했다.

> 부모가 그 자식을 사랑하는 것은 자애로움이며, 자식이 그 어버이를 잘 섬기는 것은 효도이다. 효도와 자애로움의 도리는 천성에서 나와 여러 선한 것 중에서 으뜸 되는 것으로 그 은혜가 지극히 깊고, 그 윤리가 지극히 중요하고, 그 정이 가장 절실하다(『퇴계전서』「무진육조소」).

그리고 퇴계는 가정을 운영함에 있어서 엄격하였지만, 집안의 화목에 노력하였고, 아버지가 일찍 돌아가심에 형님들을 엄부嚴父처럼 모셨다. 즉 "가법家法이 매우 엄격하고 집안이 화목하였으며, 형님을 섬김에 있어 엄격한 아버지처럼 모셨고, 가난한 친척을 구제하는데 그 힘을 다했다."[47] 또한 퇴계는 가정에서는 위엄과 사랑으로 자제를 양육하였으며, 아랫사람들을 은혜로움으로 위무慰撫하고 엄중함으로 다스렸다. 특히 자제를 가르침에 있어 부모의 희망이나 요구를 아이에게 강요한 것이 아니라 아이들의 흥미와 능력에 따라 교육했다. 이는 현대교육학에서 강조하는 개성교육이며, 개인차를 고려한 교육방법이다.

> 집 안에서는 위엄 있게 대하고 사랑으로 길렀으며, 노복들에게는 은혜로 쓰다듬고 엄중하게 거느렸다. 안팎과 위아래의 의복과 음식은 각기 그 분수에 맞도록 했으며, 자제들이 차츰 자라자 가르치고 훈계하되 각기 그 자질에 맞게 했다(『퇴계선생언행록』「거가」).

퇴계는 가정생활에 있어 부부夫婦의 관계도 언급했다. 부부는 가정과 사회의 근간이며, 또한 삶의 경건함과 엄숙함을 실행하는 관계이다. 그러므로 부부는 서로 사랑으로 대하여 할 뿐만 아니라 상호간에 공경의 예법으로 존중해야 한다. 즉 부부는 항상 상대여빈相待如賓의 관계이다. 퇴계는 "세상에 본처를 박대薄待하는 자들이 있는데, 부부간의 정의情誼가 어떻게 그럴 수 있는가? 마땅히 도리로써 대우하여 부부의 예의를 잃지 않아야 할 것이다."[48] 라고 하면서 본처를 박대하는 사람을 책망하면서 부부의 예의를 준수할 것을 강조했다.

퇴계는 가정살림에서 검소와 절약을 강조했다. 퇴계의 경제적 기반은 공고하였지만[49] 실제 생활에서는 경제적 어려움을 겪은 것으로 나타나고 있다. 그래서 퇴계는 농사나 누에치기 같은 집안일에도 관여하였으며, 집이 비좁고 누추하였지만 검소하게 거처했다.

> 농사나 누에치기 같은 작은 일에도 때를 놓치는 일이 없었으며, 수입을 따져서 지출하고 졸지의 사용에 대비했다. 집이 원래 가난하여 자주 끼니를 때우지 못하였으며, 집안이 쓸쓸하여 풍우風雨를 가릴 수 없어서 사람들이 견뎌내기 어려워하였으나 너그러이 거처했다(『퇴계선생언행록』「거가」).

이처럼 퇴계는 양입계출量入計出하여 검소하고 청빈한 생활에 안주하였으며, 선비로서 세속적 부귀와 물질적 화려함을 항상 경계했다. 뿐만 아니라 일상생활에서도 늘 절제된 행동과 단아한 모습을 유지하였고, 강학할 때는 화기가 넘치고 다정하기도 했다.

> 선생은 앉을 때는 반드시 단엄하였으며, 손발을 함부로 움직이지 않았다. 여러 학생들과 상대할 때에 마치 존귀한

손님이 좌석에 있는 것 같이 했다. 모시고 앉았을 때에는 감히 우러러 쳐다볼 수 없었으나 앞에 나아가 가르침을 받을 때에는 화기가 훈훈하고 강의가 다정하고 친절하여 처음부처 끝까지 환히 통달해서 의심나거나 불분명한 것이 없었다(『퇴계선생언행록』「기거어묵지절」).

동서고금을 막론하고 자식교육은 부모의 의지대로 성사되지 않았던 모양이다. 퇴계는 학문에 독실하지 못한 아들 준寯에게 편지를 보내어 독서와 학업에 충실할 것을 당부하였고, 공부하는데 있어 장소를 선택하지 말도록 부탁했다.

글을 읽는 일을 어찌 장소를 가리겠느냐? 시골에 있든지 서울에 있든지 오직 뜻을 어떻게 세우느냐에 달린 것이다. 모름지기 최대한 노력하여 매일 열심히 공부할 일이며, 하릴없이 세월만 보내서는 안 될 것이다(『퇴계선생언행록』「가훈」).

형님의 손자 선도善道에게 준 편지에서 말씀하기를, "학업은 네가 얼마나 마음을 독실하게 가지느냐의 여부에 달린 일이다. 의지가 독실하다면 어찌 학업의 부진을 걱정하겠느냐? 의지가 그렇지 못하다면 아무리 그런 한탄을 유발하더라도 소용이 없을 것이다."[50]고 했다. 이처럼 퇴계는 자녀교육에 있어 공부하려는 의지가 무엇보다도 중요하다고 주장했다. 이는 현대사회에서 공부하려는 학습의욕이나 동기유발이 핵심이라는 것과 일맥상통한다.

이처럼 퇴계도 자식교육에 대해 걱정을 하였고, 이로 말미암아 자식을 절에 보내어 공부시키고자 했다. 즉 "책을 걸머지고 절에 들어가서 겨울 삼동三冬의 긴 밤을 열심히 글을 읽어라."[51]고 했다. 여기서 우리는 자식교육을 위한 퇴계의 세심한 배려를 엿볼 수 있다. 그러나 퇴계는 아들 준을 엄격하게 교육시키지 못하고, 유행하는 화려한 옷치장을 단속하지 못한 것을 다음과 같이 자책自責했다.

> 무릇 덕행이 높고 학문이 깊은 사람은 마땅히 소박한 풍모와 우아한 문장, 고요한 말씀과 적은 욕심으로 자처하지만, 나머지 일로 생업에 힘이 미치게 된다면 해로움이 없을 것이다. 만약 문아함과 정결함을 닦기를 전적으로 잊어버리고 재산 운영과 옷치장 같은 말단적인 일에만 파묻혀 버린다면, 이것은 곧 시골구석에 속한 사람들이나 하는 일이지 어찌 유가儒家에서 있을 수 있는 풍습이겠느냐?(『퇴계선생언행록』「가훈」).

퇴계는 자제들에게 빈곤함을 개의치 말고 도리에 따라 의연하게 대처하기를 부탁하였고, 가난을 선비로서 겪어야 할 일상적인 일로 여겼다.

> 가난은 선비의 보통 있는 일이니 어찌 개의하랴. 너의 아비는 평생을 이 때문에 남의 웃음거리가 된 일이 많았다. 다만 꿋꿋이 참고 순리로 대처하면서 스스로를 닦아서 하늘의 뜻을 기다리는 것이 옳다(『퇴계선생언행록』「가훈」).

퇴계는 자제들을 가르칠 때 독서의 순서를 결정하여 가르쳤고,

단계를 뛰어넘지 않아 점진적인 교육방법을 강조했다.

> 자손들을 훈계하여 가르칠 때는 반드시 먼저 『효경』과 『소학』 같은 책들을 가르쳤으며, 어느 정도 문리가 통한 다음에 사서四書를 가르쳐서 정연한 순서가 있었으며, 단계를 뛰어넘는 법이 없었다(『퇴계선생언행록』「가훈」).

『효경』과 『소학』은 유학교육에 있어 가장 기본적인 수신의 책이다. 『효경』은 효도를 주된 내용으로 삼고 있는데, 하나는 종족의 영속永續이라는 생물학적 측면이고, 다른 하나는 입신양명立身揚名하여 가문의 명예를 빛나게 하는 가치문화적인 측면이다. 그리고 『소학』은 주자의 제자인 유자징劉子澄이 편찬한 것으로 일상생활의 예의범절과 수양을 위한 격언 등을 모아 놓았기 때문에 유학교육의 입문서였다. 퇴계는 『효경』과 『소학』을 이해한 후에 성리학서인 사서四書 등을 읽도록 제자들을 가르쳤다.

2. 경장윤리와 봉선예절

치서齒序는 경장의 핵심

경장윤리는 어른을 공경하는 예절이다. 맹자는 말하기를 "세상에서 존귀한 것은 세 가지인데 작위爵位가 하나요, 연령年齡이 하나요, 덕성德性이 하나이다. 조정에서는 작위가 으뜸이고, 향리에서는 연령이 으뜸이고, 백성을 교화하는 데에는 덕성이 으뜸이다."[52]라고 했다. 즉 전통사상에서 연령이 많은 어르신은 존경의 대상이며, 나의 아버지와 같은 섬김의 존재이다. 퇴계는 경장윤리를 강조하여 나이 드신 어른을 공경했다.

> 무릇 군자는 나의 부형에 대하여 효제의 도리를 독실하게 다하되, 나의 어버이를 높이고 나아가서 남의 어버이에게까지 미치게 하며, 나의 어른을 공경하고 나아가서 남의 어른에게까지 미치도록 한다. 나이가 두 배로 많으면 어버이로 섬기고, 10년이 많으면 형으로 섬기며, 5년이 많으면 어깨를 조금 뒤쳐져서 따르는 것이다(『퇴계선생언행록』「처향」).

퇴계는 "나의 어버이를 섬기는 것처럼 남의 어른을 공경하고 섬겨야 한다."고 강조했다. 그리고 퇴계는 기질적으로 고요함을 좋아하고 독서와 사색하기를 즐겼으므로 남들과 어울리는 출입을 삼갔다. 그러나 마을 사람들의 잔치 자리에 초청을 받으면 참석하여 술잔을 함께 나누었다.

> 선생은 마을 사람들의 잔치 자리에 초청을 받으면 특별한 사정이 없는 한 참석하지 않은 적이 없었는데, 술이 한 순배 돌면 반드시 주인에게 잔을 돌리어 답례했다(『퇴계선생언행록』「처향」).

『예기禮記』에 의하면 "제왕은 하늘을 제사지내고, 제후는 산천을 제사지내며, 사대부는 조상에게 제사지낸다."[53]고 했다. 즉 제례는 조상에게 제사를 지내는 의식절차이다.

제례는 조상에게 제사를 지내는 의식이므로 우리의 생명근원에 대한 감사의 표현이라 할 수 있다. 그런 까닭에 제례를 받드는 것은 효도의 한 방법이다. 우리의 부모뿐만 아니라 그 부모를 있게 해주신 조상에 대해서도 늘 고마움을 잊지 않고 극진한 정성과 공경으로 모시며, 그분들의 뜻을 기리는 것도 역시 효도이기 때문이다.

퇴계는 제사에 정성을 다하고, 정성스러운 제사를 위해 제수祭需도 직접 준비하는 경우도 있었다. 즉 "제주祭酒를 빚을 때는 반드시 깨끗한 곳을 가리어 하였으며, 제사를 위해 과포果脯를 준비한 경우에는 감히 다른 용도에 사용하지 않았다."[54] 그리고 제사 때에는 반드시 직접 신주를 모셔 둔 궤[신주독(神主櫝)]를 모시고, 제물도 올렸다.

> 절사節祀와 시향時享에는 비록 아무리 춥거나 덥더라도 병이 없는 한 반드시 몸소 가서 신주독을 받들고 제물을 올렸으며, 남을 시켜 대신하는 일이 없었다. 혹시 철 따라 나는 식물이나 색다른 음식을 얻으면, 말리거나 절여 두었다가 절사를 만나 제사를 올릴 때에 새로운 제물로 올렸다(『퇴계선생언행록』「봉선」).

퇴계는 종가宗家가 오래되어서 수리하고자 하였으나 집이 가난하여 재목을 마련하기 힘들어 묘소의 나무를 베어 사용하도록 지시하자, 어떤 사람이 이상하게 여기는 것을 보고 다음과 같이 말했다.

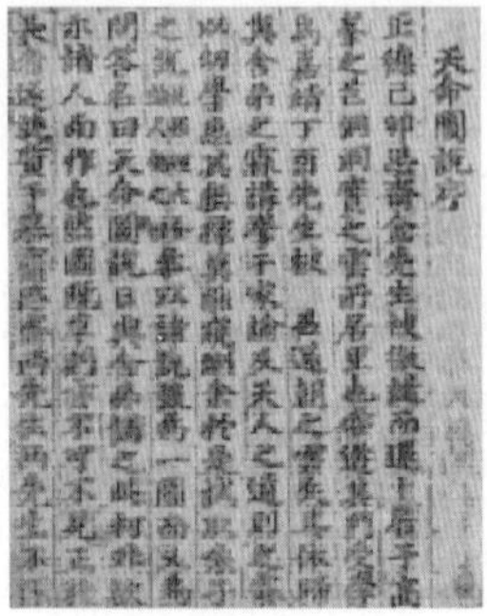
天命圖說序

● ─ 『천명도설』의 서문: 추만 정지운(秋巒 鄭之雲; 1509~1561)이 지은 책으로 천지의 조화에 대한 이치를 설명하였고, 퇴계의 건의에 따라 수정했다. 천명도설은 후에 사칠논쟁(四七論爭)의 발단이 되었다.

> 묘소의 나무를 베어서 사적으로 사용한다면 당연히 옳지 않지만, 선산의 나무를 베어서 선조의 묘궁廟宮을 지어서 선조의 제사를 모신다면 이것은 긍구肯構로서도 아주 중대한 일이다(『퇴계선생언행록』「봉선」).

위의 긍구는 아버지의 사업을 아들이 계승하여 성취함을 이르는 말이다. 우리는 보통 자기가 옳다고 판단하면 무리하게 자기 주장을 밀고 나가다가 결국 의리義理를 상하게 된다. 그러므로 인간관계에 있어 아집과 독단을 없애면 의리에 적합할 수 있다고 퇴계는 말했다. 몇 마디 말로 상대를 굴복시키려고 애쓰는 것이 아니라 행동으로 감복시키고자 한 것이 퇴계의 실천철학이다.

제6장 사회생활에 있어 퇴계의 인성교육

1. 인간관계와 인물평가

관대한 마음가짐

인간은 본질적으로 사회적 관계를 형성하면서 삶을 영위한다. 그렇기 때문에 인간은 다른 사람들과의 관계 속에서 자아성찰을 추구하며, 사회적 역할을 수행한다. 그리고 인간은 나아가고 물러남[출처(出處)]이 분명해야만 선비로서 존경을 받고, 관료로서 인정을 받을 수 있다. 여기서는 인성교육의 방법으로 이해될 수 있는 퇴계의 인간관계와 출처관을 논의한다.

퇴계는 사람에게 관대하였으며, 잘못이 있다면 고쳐 새로운 사람이 되기를 바랐다. "선생은 사람을 대하는 것에 매우 관대했다. 큰 잘못이 없는 자는 끊어버리지 않고 모두 용납하여 가르치며, 스스로 고쳐서 새로운 사람이 되기를 바랐다."[55]고 하여 비록 잘못이 있다하더라도 인간관계마저 끊어버리지 않았다. 또한 퇴계는 사람과 사물을 대응함에 있어 도리에 맞게 행동했다.

> 선생은 다른 사람을 상대하고 사물을 응대함에 있어 행동하거나 고요함[동정(動靜)]과 말하거나 침묵함[어묵(語默)]이 각기 절도節度가 있었다. 만약 누가 질문하지 않아야 할 것을 질문하고 말하지 않아야 할 것을 말하면, 반드시 정색하고 대답하지 않았다(『퇴계선생언행록』「기거어묵지절」).

그리고 퇴계는 고을의 수령들이 집에 출입하는 것을 싫어했다. 그런데 하루는 수령을 맞이하여 술상을 대접하다가 다음과 같은 시를 지어 '맞이하고 보내는 일'이 앞으로 없기를 바랐다.

> 조촐하게 그윽이 사는데 경영할 일이 무엇이던가. 寒事幽居有底營
> 꽃 심고 대나무 가꿔 여윈 몸을 가린다네. 藏花護竹衛羸形
> 찾아 온 손님께 은근히 말하노니, 慇懃寄語相尋客
> 오는 겨울 삼동에는 맞고 보내는 일 없었으면. 欲向三冬斷送迎

퇴계의 제자가 "자기보다 못한 사람은 친구로 삼지 말라."[56]는 공자의 말이 있는데, 어떻게 해야 하느냐고 물으니, 그것은 편벽된 일이라고 했다. 다시 악한 사람과 사귀다가 휩쓸리면 어찌 되느냐고 물으니 "착하면 따르고, 악하면 고칠 것이니, 착함과 악함이 모두 다 나의 스승이며, 만일 악에 휩쓸린다면 학문은 무엇 때문에 하는 것인가?"[57]라고 반문했다. 여기서 퇴계의 가르침은 인간관계에 있어 선인과 악인의 기준에 의해 결정할 것이 아니라 착한 사람을 본받고, 악한 사람을 고치려고 노력하는 것이 학문이라 했다. 또한 퇴계는 제자를 함께 학문하는 도반道伴이나 동인同人으로 생각하면서 존중했다.

> 제자를 대접함이 마치 붕우를 대접하듯이 했다. 비록 젊은이라도 이름을 부르거나 너라 호칭하지 않았다. 보내고 맞이하는 것에 예의를 갖추어 겸손한 태도로 두루 힘쓰니 공경함에 이르고, 자리에 앉으면 반드시 먼저 부형의 안부를 물었다(『퇴계선생언행록』「교제」).

퇴계는 제자를 벗처럼 여겨 제자에게 '너'라 호칭하지 않았고, 보내고 맞이하는 것에 예의를 갖추어 겸손한 태도로 일관했다.

그래서 퇴계와 그의 제자들은 학문적인 진리와 인격적인 만남을 통해 퇴계학파라는 310여명의 거대한 '정신산맥'을 형성했다.

도학 실천의 판단 기준인 인물평

퇴계는 다른 사람을 비판하기 보다는 자신을 성찰하는데 더욱 정진했다. 그러나 도학의 기준을 설정하기 위해서는 인물의 행적이나 견해에 대한 논평을 하지 않을 수 없다. 퇴계의 인물평을 간단하게 소개한다.

퇴계는 풍기 군수로 재직하였는데, 이때 경상도 관찰사 심통원에게 올린 글에서 정몽주·길재·김종직·김굉필 등 선현이 살던 곳에 서원 건립을 건의했다. 나중에 김종직을 다른 선현들과 함께 열거하였던 사실에 대해 질문을 하자, 퇴계는 자신의 과오를 인정하면서 김종직을 도학자가 아닌 문장가로 평가했다.

> 그때는 더 이상 헤아리지 않았는데, 이제 생각해 보니 큰 잘못이었다. 점필재도 역시 문장을 닦는 선비일 뿐이다(『퇴계선생언행록』「논인물」).

> 우리 동방의 이학理學은 정몽주를 시조始祖로 삼고 김굉필과 조광조를 우두머리로 삼는데, 다만 이 세 선생은 저술이 드러난 것이 없어서 그 학문의 깊이를 살필 수가 없었다. 근래에 『회재집』을 보니, 그 학문한 바의 바름과 얻은 바가 깊이가 근세까지에서 제일이었다(『퇴계선생언행록』「논인물」).

이처럼 퇴계는 정몽주에 의해 우리나라의 유학이 시작되었음을 분명히 천명하였고, 한훤당 김굉필과 정암 조광조의 학문을 높이 평가했다. 한훤당 김굉필寒暄堂 金宏弼; 1454-1504은 연산군 때 사화에 희생되어 사림파의 종장으로 평가되었고, 문묘에 배향되었던 인물이다. 그러나 김굉필의 학문에 대해서 실천에는 독실하다고 인정하였지만, 학문의 심오함은 부족하다고 지적했다.

> 한훤당 선생의 학문이 실천에 비록 돈독하기는 하지만 도문학道門學 공부에는 미진함이 있지 않은가 하네.

> 한훤당 선생의 학문은 이미 저술이 없었고, 또한 밝혀 볼 만한 문헌도 없어서 그 조예의 깊이를 알 수가 없다. (중략) 한훤당의 학문이 비록 문묘에 들어가기에 부끄러움이 없다할지라도 그저 종사라고 칭하고, 배향이라고 칭하지 않는 것이 옳다(『퇴계선생언행록』「논인물」).

그래서 김굉필을 정자와 주자에 배향配享하는 것이 아니라 한 단계 격을 낮추어 종향從享이나 종사從祀해야 한다고 주장했다.

정암 조광조靜菴 趙光祖; 1482-1519는 김종직의 학통을 이어 받은 김굉필의 문하에서 수학하였고, 사림파의 정계 진출을 확립했다. 그러나 기묘사화1519년에 반정공신들의 사주를 받은 궁인들에 의해 나뭇잎에 '주초위왕走肖爲王'이란 글자가 나타나게 함으로써 역모로 몰려 유배되어 죽게 되었다.

퇴계는 조광조의 천품과 자질은 아름다웠지만, 학문을 충실하게 연마하지 못하여 일을 실패했다고 평가했다. 조광조가 너무 일찍 높은 관직에 진출하여 간교한 신하들의 계략에 빠져 자신의 도덕적 이상을 실현하지 못하고 사화로 말미암아 좌절되었다고 퇴계는 안타까워했다.

> 조광조는 타고난 자질이 참으로 아름다웠으나 학문에 충실하지 못하여 시행한 것에 지나침이 있었다. 그러므로 끝내 일을 실패에 이르도록 했다. 만약 학문에 충실하고 덕의 그릇[덕기(德器)]이 이루어진 다음 세상에 나가서 일을 담당했더라면, 그 성공은 쉽게 측량할 수 없었을 것이다(『퇴계선생언행록』「논인물」).

또한 퇴계는 조광조와 함께 관직에 진출하였던 인물들 중에는 과격하고 조급한 인물이 존재하였음을 지적했다.

> 요순堯舜 시대의 임금과 그 백성이 비록 군자의 뜻을 지녔었다고 하나 때를 헤아리지 못하고 역량을 헤아리지 못하고서야 어찌 큰일을 할 능력이 있는 사람이라 할 수 있겠는가? 기묘사화1519의 실정失政은 이러한 바탕 위에 앉아 있는 것이다. 당시에 조광조는 이미 그 일이 실패임을 느끼면서 상당히 스스로 조절하고 억제하였지만, 사람들은 도리어 잘못이라 하여 창끝을 되돌려 서로 찌르고자 함에 이르렀던 것이니, 정암께서 어쩔 수 없었던 것이 아니겠는가?(『퇴계선생언행록』「논인물」).

이와 같은 조광조에 대한 평가는, 조광조 등의 신진 관료들이 지나치게 조급하고 성급하게 일을 도모하다가 그들이 실천하고자 했던 도학적 이상의 좌절에 대한 아쉬움의 발로라 생각된다.

● — **포은 초상화**: 포은 정몽주 정몽주(圃隱 鄭夢周; 1337~1392)는 고려 말기의 문신이며, ·외교관· 정치가·교육자·유학자였다. 이 영정은 화사 김육(金堉)이 그렸다.

퇴계는 조선시대 도학의 전통을 회고하면서 자신의 시기까지 주자학의 정통에 가장 합치되는 학자로 회재 이언적晦齋 李彦迪: 1491-1553을 언급했다.

> 밝힐 수 있는 것으로 말하면, 근대에 회재 이언적의 학문이 아주 바르다. 그가 지은 문자를 볼 것 같으면, 모두 가슴 속으로부터 흘러나와 이치는 밝고 의리는 바르다. 온전하여 하늘이 이룬 것이니, 조예가 깊지 않으면 어찌 이와 같을 수 있겠는가?(『퇴계선생언행록』「논인물」).

퇴계는 이언적의 학문이 정대하고 깊은 조예를 가졌다고 극진하게 평가했다. 그러나 퇴계는 이언적의 천품과 자질에 대하여 논평을 하지 않은 것으로 보아, 퇴계가 이언적의 사람됨을 어떻게 인식하였는지에 대해서는 알 수 없다.

2. 강의논변과 예학사상

정치한 강의논변

진지한 토론으로 감화

퇴계는 학문함에 있어 제자들과 함께 토론하는 것을 즐겼다. 그러다보니 퇴계는 제자들에게 애틋한 정감을 느꼈고, 섬세한 다정함도 보여주었다. 그러나 토론과 논변에 있어 자신의 주장을 강요하지 않을까 염려하면서 제자들을 가르쳤다.

> 선생은 사람들과 논변하다가 서로 합치하지 않는 것이 있으면, 혹시라도 자신의 소견에 미진함이 있을까 염려했다. 선입견을 주장하거나 나와 남을 구별하지 않고 빈 마음으로 실마리를 찾아서 풀되, 의리를 따라 궁구하고 경전의 훈석을 참고하여 바로잡았다. 이미 이치에 맞는다고 결론이 난 뒤에도 이의가 있으면 다시 토론하여 상대방의 의혹을 기필코 풀어주었다(『퇴계선생언행록』「강변」).

학문하는 사람들의 폐단은 자신의 주장이 항상 옳다고 믿는 독단이며, 이를 다른 사람에게 강요하는 행위이다. 퇴계는 이를 스스로 경계하면서 제자들에게 의혹을 풀어주었다. 이렇게 될 때 비로소 제자들은 스승의 학문과 인격에 매료되어 스스로 학문적 감흥을 느끼며, 스승에게 감화될 수 있다. 현대교육이론에서 비추어 보면, 학생들에게 동기유발을 제시하는 방법이라 할 수 있다.

『논어』에 사문師門의 언행과 제자들의 문답에 차이가 있음을 언급하자 다음과 같이 설명했다. 즉 한 사람이 사문의 언행을 전부 기록할 수 없을 뿐만 아니라 언행을 여러 사람들이 기록하기 때문에 차이가 있을 수밖에 없다고 했다.

> 사문의 언행을 한 사람이 능히 다 듣고 볼 수 있는 것이 아니다. 제자들의 문답한 것도 역시 그렇다. 당시의 기록이 또한 한 사람이 한 것이 아닌데, 어떻게 모두 다 기록하지 못했다고 책망할 수 있겠는가?(『퇴계선생언행록』「강변」).

또한 "옛것을 익히고 새것을 알면 남의 스승이 될 수 있다."는 온고지신溫故知新의 뜻이 『논어』와 『중용』에서 다른 이유를 제자들이 질문하자 다음과 같이 설명했다.

> 『중용』은 덕을 닦는 일과 도를 이루는 일을 논하여 마음을 보존하는 것을 위주로 하였기 때문에 옛것을 익히는 것에 중점이 있고, 『논어』는 스승이 될 수 있는 조건을 논하여 도리를 아는 것을 위주로 하였기 때문에 새것을 아는 일에 중점이 있다(『퇴계선생언행록』「강변」).

『중용』의 온고지신은 도덕의 수양과 완성을 통해 마음을 보존하는 것이 중요하기 때문에 '옛것을 익히는' 것이 중점이 되어야 한다. 반면에 『논어』의 온고지신은 도리를 인식하여 남의 스승이 되는 것이 중요하기 때문에 '새것을 아는' 것이 중점이 되어야 한다. 이처럼 퇴계는 제자들과의 학문토의에 있어 정치한 논변으로 제자들의 의문에 대답했다.

한편, 유학은 인본주의적 사고를 지향하고, 사회적 관계성을 중시한다. 그렇기 때문에 인간은 다른 사람들과의 관계 속에서 자아성찰을 추구하며, 사회적 역할을 수행한다. 이는 인간의 상호의존성을 이해하고, 인간의 사회적 속성을 강조하여 상호간의 배려와 존중으로 사회질서를 유지하려는 의미이다. 배려와 존중의 인간관계는 "자기가 바라지 아니하는 바를 남에게 행하지 말며, 자기가 서고 싶은 곳에 남을 세워 주고 자기가 이르고 싶은 곳에 남을 이르게 하라."[58]고 한 공자孔子의 말에서도 발견할 수 있다. 이것은 공자가 제자들에게 인仁의 의미를 설명하면서 언급한 것이지만, 이러한 이치를 터득하면 인간관계는 원만하고 사회질서는 저절로 확립될 것이다.

강상綱常 윤리의 존중

예로부터 우리 민족은 예절을 일상생활의 근본으로 삼았던 문화민족이며, '예의禮儀의 국가'라고 일컬어질 만큼 예절을 숭상해 온 민족이다. 그러나 사회의 급격한 변화로 말미암아 가치관과 사고방식의 혼란으로 예의는 상실되고 있다. 상례와 제례도 예외는 아니었다.

상례와 제례는 정결한 몸과 순화된 정신 상태에서 거행해야 한다. "몸소 성신誠信을 다하나니, 성신을 다함을 극진함이라 하고, 극진함을 경건함이라 한다. 경건함을 다한 연후에 가히 신명神明을 섬길 수 있다."[59]고 하여 제례는 경건함을 위주로 이루어졌다.

퇴계의 시대에도 강상綱常의 윤리가 무너진 것은 예외가 아니었던 모양이다. 퇴계는 상가喪家에서 술과 음식을 조객에게 대접하는 것은 관례라 할지라도 취태醉態를 부리고 날을 새우는 것은 안 된다고 했다.

> 우리나라 상례喪禮의 강기綱紀가 허물어져서 말할 만한 것이 없다. 세속의 풍습은 장송葬送이나 상사(祥事; 소상과 대상), 제사祭祀 등의 날에 상가에서는 반드시 주식酒食을 마련하여 조객을 대접하는 것이 관례인데, 무지한 조객은 취태를 부리기도 하고 날을 새우기도 하니, 참으로 말이 안 되는 일이다(『퇴계선생언행록』「논예」).

요사이 장례식장에서 술주정과 밤을 새우는 일은 줄었지만, 이는 예의에 어긋나는 일이었다. 그리고 퇴계는 상례를 치루는 데에 있어 지나치게 소비하는 것을 경계했다. 즉 "황장목黃腸木을 베어서 관을 만들어 친상親喪을 치른 사람을 꾸짖었고[60], 묘역의 사방에 담을 쌓아 예견할 수 없는 사고에 대비하는 것도 고례古禮가 아니다."[61]라고 했다. 황장목은 나라의 관재棺材인데 서민이 함부로 사용한 것을 퇴계는 꾸짖었다. 그리고 퇴계는 묘소 주변을 사치스럽게 조성하는 것도 예의가 아니라고 비판했다.

당시에 조부모와 부모의 기일에 합제合祭하는 경우가 있는데, 퇴계는 여기에 대해서도 언급했다. 즉 장사 지낸 뒤에 고비위考妣位를 합제하는 일에 대하여 다음과 같이 말했다.

● — **금강소나무의 위용**: 울진 금강송(金剛松)은 조선시대에 황장목(黃腸木)이라 불리었으나, 근대에 와서 적송(赤松)이나 춘양목(春陽木)으로도 불린다. 최근에 공식적인 학명으로 금강소나무로 명명했다.

상을 당한 것이 선후가 다르다면, 서로 간에 길흉의 차이가 있으므로 이미 길하게 된 혼령을 끌어다가 함께 제사하는 것은 옳지 않다. 요즘의 풍습은 장사만 지내면 반드시 합제하는데, 이런 예의는 예전에는 없던 것이다(『퇴계선생언행록』「논예」).

또한 퇴계는 "여자가 시집가서 남편의 집에 살면서 친정 부모의 기제忌祭를 지낸다는 것은 예의로서는 부당한 것이다. 그러나 이미 이루어진 세속의 풍습을 갑자기 금하기는 어려운 일이니, 제사 지내는 방[정침(正寢)]을 피해서 지낸다면 혹시 가능할지도 모르겠다."고 했다.[62] 현대사회는 자녀를 하나씩 두는 경우가 많아 이런 일이 비일비재 하니, 예의에 어긋나지 않도록 조심하는 것이 바로 인성교육이다.

그리고 장자長子는 자신의 종사宗祠를 받들고 있기 때문에 아내의 부모를 제사지낼 수 없다. 그래서 맏아들 이외의 아들[중자(衆子)]로서 남의 사당을 세워서 제사할 수 있는지에 대해서 퇴계에게 질문하니 다음과 같이 대답했다.

요즘 사람들이 같은 사당에 모시고 제사하는 일이 있는데, 근본을 둘로 만듦이 심하다. 말할 것이 못된다. 비록 따로 사당을 세우더라도 근본을 둘로 만든다는 과오는 면할 수 없다(『퇴계선생언행록』「논예」).

이처럼 퇴계는 장자로서 남의 외동딸의 사위가 되어 같은 사당에서 제사를 모시는 것은 옳지 못하다고 설명했다. 만약 이런 부득이한 경우가 생긴다면, 그 처족 중에서 가까운 사람을 선택하여 제사를 주관하도록 하는 것이 좋다고 퇴계는 언급했다.

이처럼 부형의 생각과 다를 때는 무조건 관철시키려 해서는 안 된다는 것이다. 일단은 어른들의 의견을 존중하면서 자신의 판단이 경솔하게 일시적인 생각에서 나온 것이 아니라는 점을 성심성의껏 납득시킨 뒤에 바꿔나가야 한다는 것이다.

3. 진퇴의리와 청렴정신

53회의 사직서를 제출

퇴계는 34세에 문과에 급제한 뒤 70세의 나이로 서거할 때까지 약 90종의 관직을 140회에 걸쳐 임명받았다. 그리고 그 가운데 79회에 걸쳐 사직소를 올렸지만, 사직이 받아들여진 경우를 제외한 나머지 110여 직책에는 실제로 종사했다. 선생이 관직에 있었던 기간을 모두 더하면 대략 14년 5개월 정도이다.[63] 하지만 퇴계의 관직생활은 당시의 정치적 상황과 관련되어 순탄하지 않았다. 특히 퇴계의 나이 45세에 일어난 을사사화의 실상을 직접 체험하면서 퇴계는 관직생활에 깊은 회의를 느꼈다. 그리고 퇴계는 49세에 군수사임장을 감사에게 올린 것을 시작으로 70세 되는 9월에 최후 사장辭狀인 걸치사장乞致辭狀까지 21년 동안에 걸쳐 53회의 사퇴원을 제출했다.[64]

퇴계는 학문하기를 좋아하여 출사出仕에는 관심이 없었지만, 어머니의 봉양과 형님의 권고에 따라 관직의 길로 들어섰다. 그러나 출사는 의리에 바탕을 두어야 하고, 국가의 소명을 받아 관리가 되었다하더라도 자신의 이익을 위한 것이 아니라 타인의 이익을 위해 일을 해야 한다고 퇴계는 말했다. 즉 "벼슬이란 어디까지나 남을 위하는 것이니, 만약 남에게 이롭게는 하지 못하고, 자신의 우환만 더하게 된다면 할 수가 없다."[65]고 강조했다. 그러나 퇴계는 오직 올바른 의리를 이행하려는 데에 선비의 출처가 있음을 제자들에게 가르치고 있다.

> 무릇 선비는 세상에 나가 관직을 하든지 집안에 가만히 은거하든지, 때를 만나든지 아니면 만나지 못하든지, 다만 자신의 마음을 닦고 올바른 의리를 실행할 따름이다. 화禍와 복福은 논의할 바가 아니다(『자성록』「답기정자명언대승」).

이처럼 퇴계는 출처에 있어 화복禍福을 논의할 것이 아니라 의리의 실행을 중시했다. 즉 관직을 맡는 것은 생계유지를 위한 수단을 얻기 위함이 아니라 바른 길을 실천하려는 데에 있다고 퇴계는 강조했다.

퇴계는 관직의 길이 아니라 학문의 길이 자신의 평생과업임을 명확히 인식하였으며, 관직에서 사퇴한 가장 큰 이유는 학문에 전념하기 위한 것임을 알 수 있다. 퇴계는 젊었을 때부터 학문하기를 즐겼고, 만년에 이르러 주자학 연구에 몰두하였기 때문에 '치사귀전致仕歸田'하니 많은 사람들이 경모敬慕했다.

> 선생은 젊어서부터 도학에 뜻을 두었으며, 만년에는 더욱 학문을 사랑해서 벼슬하기를 즐거워하지 아니하여 물

러나 예안에서 거처했다. 당시 사람들이 태산북두처럼 우러러 보았다(『퇴계선생언행록』「출처」).

임금의 현부賢否에 의해서 진퇴를 결정할 수 있느냐고 질문하니, 퇴계는 "단지 임금의 현부만 보고 말하는 것은 아니다. 임금이 비록 어질더라도 국사를 맡은 대신이 만에 하나 흔들어 방해하는 일이 있어서 내가 하려는 일을 시행할 수 없다면 벼슬할 수 없는 것이다."[66]라고 대답하면서 조정의 관리들이 국사를 방해하면 출사할 수 없다고 했다.

한편, 퇴계는 관직생활을 시작하는 자제들에게 가르침을 주었다. 특히 아들 준寯이 몇 가지 선물을 보내오자 다음과 같은 편지로 훈계했다.

이제 물건을 사서 나에게 실어 보냈으니 지극히 마음이 편치 못하다. 사소한 식물(食物)이라면 몰라도 무리해서 지나치게 보내는 것은 벼슬하는 사람이 맑은 마음으로 일을 성찰하는 도리가 아니다. 이처럼 습관이 되면 후일 수습하기 어려울까 두렵다. 근래와 와서 문음(門蔭, 음서제도)의 은택을 입은 자들이 심지어 수령에 이르기까지 멋대로 망령된 행동을 하며 일신의 이익에만 급급하고 다른 것은 돌아보지 않으니 답답한 노릇이다. 사람의 마음이란 매우 위태로운 것이니 진실로 경계해야 한다(『퇴계선생언행록』「거가」).

퇴계는 관리로서 조용하게 일을 처리하였으며, 백성에게 세금을 적절하게 부과하여 도리에 벗어나지 않았다. 퇴계는 관직에 종사하는 사람으로서 백성들의 신망을 무엇보다도 강조하였고, 명예를 중시했다.

> 고을을 다스리는 일은 일체를 쉽고 조용하게 하여 요란스럽지 않음을 숭상했다. 백성에게서 거두는 세금을 비록 매우 가볍고 간략하였으나 백성이 당연히 해야 할 일에 대해서는 괜히 늘리거나 줄이는 일이 없었으며, 도리를 어기어서 명예를 구하는 일은 하지 않았다(『퇴계선생언행록』「거가」).

58세에 퇴계는 사퇴의 이유를 다섯 가지로 제시하였는데, 그것은 어리석음, 병, 헛된 명성, 능력부족, 불감당의 직책이다. 이는 퇴계의 겸손한 마음가짐이라고 설명할 수 있지만, 퇴계는 학문을 좋아하는 성품이기 때문에 관직에는 별로 관심이 없었던 것으로 추측할 수 있다.

> 어리석음을 숨기고서 지위를 훔치는 것을 마땅하다고 할 수 있겠습니까? 병으로 폐인이 되어서도 녹봉만 받는 것을 마땅하다고 할 수 있겠습니까? 헛된 명성으로 세상을 속이는 것을 마땅하다고 할 수 있겠습니까? 재목이 못됨을 알면서 관직에 나아가기를 탐내는 것을 마땅하다고 할 수 있겠습니까? 합당한 직책이 아닌데 물러나지 않는 것을 마땅하다고 할 수 있겠습니까? 이 다섯 가지 마땅하지 못함을 가지고서 조정에 선다면 신하된 사람으로서의 의리에 어떠하겠습니까?(『퇴계선생연보』 권1).

퇴계는 "무릇 출처와 거취는 마땅히 마음으로 자신이 결정할 일이지, 타인과 상의할 수 없는 것이며, 또한 타인도 거기에 간여할 수 없는 것이다."[67]고 했다. 즉 퇴계는 출사에 있어 자신의 의지가 무엇보다도 중요하다고 했다. 그리고 퇴계는 과도한 물욕을 경계하였고, 일상생활에서 검약한 생활을 실천했다.

> 선생은 본래 검소함을 숭상하여 세수할 때는 질그릇[陶器]을 사용하였고, 부들자리에 앉았으며, 삼베옷에 끈으로 된 띠를 매었고, 칡으로 엮은 짚신을 신고 대나무 지팡이를 짚으면서 담박淡泊했다(『퇴계선생언행록』「거가」).

이와 같이 퇴계는 검소하고 청빈한 생활로 부귀를 바라는 세속적 욕망을 멀리하고 소박한 전원생활을 추구했다. 그리고 퇴계는 몸가짐에 있어 고결한 인격자나 참된 학문을 배우려는 사람들과 교유했다.

한편, 퇴계가 살았던 시기는 사림의 성장기로 규정할 수 있다. 계속적인 사화를 겪는 과정에서 사림의 학문은 성숙하였고, 사림의 세력은 확장되었다. 그러나 퇴계의 나이 19세에 일어난 기묘사화는 퇴계의 출처관을 형성하는데 많은 영향을 끼쳤다.

퇴계는 34세에 과거에 급제하여 승문원에 배정받아 부정자副正字로 관직생활을 시작했다. 하지만 퇴계의 관직생활은 정치적 상황과 관련되어 순탄하지 않았다. 퇴계는 45세에 을사사화를 경험하면서 관식생활에 깊은 좌절감을 느꼈다. 그러다 보니 퇴계는 49세 이후에 사장辭狀을 53회에 걸쳐 작성했다. 그러나 퇴계는 오직 올바른 의리를 이행하려는 데에 선비의 출처가 있음을 제자들에게 종신토록 가르쳤다.

무릇 선비는 세상에 나가 관직을 하든지 집안에 가만히 은거하든지, 때를 만나든지 아니면 만나지 못하든지, 다만 자신의 마음을 닦고 올바른 의리를 실행할 따름이다. 화와 복은 논의할 바가 아니다(『자성록』「답기정자명언대승」).

이처럼 퇴계는 출처에 있어 화복禍福을 논의할 것이 아니라 의리의 실행을 중시했다. 즉 관직을 맡는 것은 생계유지를 위한 수단을 얻기 위함이 아니라 바른 길을 실천하려는 데에 있다고 퇴계는 강조했다. 이렇게 하기 위해서는 먼저 자신의 몸을 바르게 하고 덕으로 선정해야 한다. 그래서 퇴계는 관리라면 마땅히 명예욕에 빠져서는 안 되고, 오직 자신에 직무에 충실해야 한다고 했다.

옛 사람의 말에 진정으로 명예를 피하고자 한다면, 착한 행동을 할 길이 없다고 했다. 요즘 사람들은 드러내 놓고 남의 선행을 배척하기도 하고, 공공연히 공부에 뜻을 두지 않으면서도 명예를 가까이 함을 싫어하고 화를 부르는 것에 대해 경계한다. 심지어 선을 행하는 일을 스스로 게을리 하고, 공부 역시 중도에서 그만두어 버리는 자들도 이 말을 핑계로 삼는다. 세상의 풍속이 무너지고, 날로 쇠퇴하고 무너지는 길로 좇아가고 있다. 슬픈 일이지만, 병을 다스리는 약이 도리어 사람들을 미혹시키는 독이 되었다고 누가 말하겠는가?(『자성록』「답노이재수신」).

그리고 퇴계는 "제자들에게 벼슬에서 물러나는 치사致仕의 예의를 가르쳤다. 그 이유는 염치를 숭상하고 절의를 장려했기 때문이다."[68]라고 설명했다. 오늘날 공직사회에 만연된 인사 청탁은 치사의 예의를 모르는 것이며, 염치와 절의를 저버리는 행위라 볼 수 있다. 또한 퇴계는 당시의 선비들이 출처에 법도가 없으며, 상호 비방하는 것에 대하여 저어하는 마음을 나타냈다.

그리고 퇴계는 특히 고봉 기대승에게 처신의 도리를 언급하면서 너무 높은 관직에 오르지 말고, 자신의 주장을 지나치게 내세우지 않도록 했다. 이렇게 한 까닭은 퇴계와 고봉 기대승1527~1572 사이에 일어났던 8년간1558~1565의 '사칠논변四七論辯'을 통해 고봉의 성품을 어느 정도 알고 있었기 때문이라고 추측된다.

> 그러므로 그대를 위하여 오늘 처신해야 할 도리를 말하라 하면, 스스로 지나치게 높은 곳에 처하지 말며, 세상을 다스리는데 서둘러 나서지 말며, 모든 일 앞에서 자신의 주장을 용감하게 내세우지도 않도록 해야 한다(『자성록』「답기정자명언대승」).

선비의 출처는 관직이 올라갈수록 분명해야 한다. 이는 고관에게 일의 책임이 중대했었기 때문이다. 퇴계 역시 자신의 진퇴에 있어 전후가 다른 이유를 다음과 같이 말했다.

> 선생이 일찍이 말씀하기를 나의 진퇴는 전후가 서로 다른 것 같다. 전에는 임명 소식을 들으면 곧장 나갔고, 후에는 부름이 있으면 반드시 사퇴했다. 비록 나가더라도 역시 감히 머물러 있지는 않았다. 지위가 낮으면 책임이 가볍기 때문에 오히려 한 번 나가 볼 수도 있지만, 벼슬이 높으면 임무가 중대하기 때문에 어찌 가볍게 나아갈 수 있겠는가

(『퇴계선생언행록』「출처」).

퇴계가 관직 생활을 했던 시기는 사화士禍가 일어났고 외척이 권력을 농단했다. 때문에 퇴계는 관직을 청산하고 귀향하려는 마음이 항상 있었지만, 뜻대로 되지 않았다. 그래서 퇴계는 오직 물러나는 것으로 의리를 삼았고, 출사에 신중했다. 오히려 그 자신은 출사보다는 치사致仕에 더 많은 관심을 가져 여러 가지 핑계로 사퇴하기를 간곡히 바랐었다.

제7장 학봉의 기록에 나타난 퇴계상

1. 생활인으로서의 퇴계

인간적인 너무나도 인간적인 퇴계

조선시대에 있어 영남지역은 유학정신의 산실이며, 유학문화의 정수精髓를 간직한 고장이었다. 때문에 유학은 영남지역을 중심으로 지속적으로 발전되어 왔으며, 그 결과로 학문적 특징을 공유하는 학파가 형성되었다. 특히 퇴계학파는 사림정신의 연원이 되었고, 핵심적 사회세력으로서 유학적 질서를 적극적으로 실천했다. 또한 퇴계와 그 제자들은 진리추구와 인격적 만남을 통해 학문적 성취를 이루었다.

만남의 철학자라 불리는 부버Buber, Martin: 1878~1965는 "모든 참된 삶은 만남Begegnung이다."[69]라고 주장했다. 동서고금을 막론하고 스승과 제자는 상호 간의 '은혜로운 만남'을 통해 삶의 확고한 신념을 형성할 수 있고, 인격의 비약적인 성숙을 기약할 수 있다.

한편, 퇴계학파는 310명의 퇴계 문인으로 구성되어 있다. 이들 중에서 퇴계 문하에서는 서애·월천·학봉을 영수領袖로 대우했다. 특히 학봉 김성일鶴峰 金誠一: 1538~1593은 퇴계에게 도통의 연원을 확인하는 「병명(屛銘)」을 받아서 퇴계학파의 적통嫡統으로 인정되었고, 『퇴계선생언행록』에 가장 많은 기록을 남겼다. 퇴계와 학봉의 만남을 저자는 사제 간의 '짧은 해후와 긴 추모의 여정'으로 소개했다.[70]

퇴계에 관한 연구는 성리학·수양론·의리론·교육론 등의 분야에서 다양하게 이루어져 왔다. 그리고 퇴계의 인간적인 모습을 드러내고자 한 노력도 그 동안 여러 측면에서 진행되어 상당한 성과를 얻었다.[71] 그러나 여전히 퇴계는 '역사 속의 인간'으로 우리에게 다가온다.

따라서 저자는 오늘날 우리와 함께 실생활에서 공존하는 '생활인으로서의 퇴계'를 추론해 보고자 한다. 즉 저자는 관심의 지향성을 학봉의 기록에 두고, 그 기록을 초집抄集하여 퇴계를 새롭게 개념화하고 해석한다. 이러한 시도는 퇴계상退溪像의 새로운 인식이며, 이를 통해 퇴계의 '인간적인 너무도 인간적인 모습'을 발견하게 될 것이다.

『퇴계선생언행록』의 간행 경과와 편집 체제

성현의 언행을 기록한 역사는 오래되었다. 언행록은 위대한 인물의 사상과 행적을 고찰하는 데에 귀중한 자료로 활용되었다. 『논어』와 『맹자』가 대표적인 사례이고, 우리나라의 경우에는 퇴계의 언행을 기록한 『퇴계선생언행록』이 대표적이라 할 수 있다. 퇴계가 세상을 떠나자 제자들은 스승의 평소 말씀과 행동을 보고 들은 대로 기록하기 시작했다.

그러나 퇴계의 언행을 묶어 책으로 편찬하려는 시도는 급문(及門; 직접 가르침을 받음) 제자가 아닌 후대의 사람들에 의해 이루어졌다. 그 이유는 급문 제자에게는 퇴계선생 문집의 발간이 급선무였기 때문이다. 언행록을 발간한 실제적인 계기는 권두경權斗經: 1654~1725에 의해 1707년에 『퇴계선생언행통록』이 편찬되었기 때문이다. 이를 토대로 퇴계 후손인 이수연李守淵: 1693~1748이 기존에 발간된 퇴계 언행을 중심으로 다시 편찬한 책이 바로 『퇴계선생언행록』이다. 도산서원본의 『퇴계선생언행록』은 모두 6권 3책이다. 1

권에서 5권까지는 학문, 독서 등 32문목으로 나눈 유편이며, 6권은 김성일이 지은 실기實記, 정유일鄭惟一: 1533~1576이 지은 언행통술言行通述, 제문祭文 등이 수록된 부록이다. 이 책에는 퇴계의 인간적인 모습이 각양각색으로 표현되고 있을 뿐만 아니라 퇴계가 추구하고자 했던 교육적 인간상을 엿볼 수 있다.

『퇴계선생언행록』은 총 548조항으로 구성되어 있다. 그러나 권두경의 『퇴계선생언행통록』에 수록된 조항은 총 663조항이다. 그 이유는 문인의 기록이 548조항이며, 문헌적록文獻摘錄이 115조항이기 때문이다. 그러나 이수연은 출전이 불분명한 권두경의 문헌적록의 115조항을 삭제하고 간행했다. 이 중에서 예론이 64조항으로 가장 많고, 그 다음은 교인敎人이 37조항이다. 그 외에도 강변講辯이 33조항, 출처와 인물론이 각 31조항, 독서가 21조항, 학문과 잡기 및 고종기考終記가 각 19조항으로 되어 있다. 이것들은 총 274조항으로 전체의 50%를 차지한다.

그리고 『퇴계선생언행록』을 기록한 인물을 분석해 보면, 김성일이 173조항으로 가장 많이 기록하였고, 그 다음으로는 이덕홍李德弘: 1541~1596이 79조항, 우성전禹性傳: 1542~1593이 60조항, 김부륜金富倫: 1531~1598이 36조항을 기록했다. 이들 4명의 문인에 의한 기록은 총 348조항으로 전체의 64%를 차지하며, 특히 김성일의 기록은 173조항으로 전체의 31%를 차지하여 다른 문인에 비해 매우 많았다.

학봉이 기록한 173조 중에서 예론이 25조항으로 가장 많았고, 그 다음으로는 출처出處가 14조항, 독서讀書가 12조항, 교인敎人 10조항 등으로 구성되었다. 저자는 학봉이 기록한 173조항을 분석하여 학봉의 기록 속에 나타난 퇴계상을 살펴본다.

학봉이 기록한 『퇴계선생언행록』의 문목 통계표

구 분	문 목	조항수	문 목	조항수	문 목	조항수	문 목	조항수
유편	학문	6	자품	3	교제	7	논예	25
	독서	12	기거어묵지절	3	음식의복지절	4	논시사	4
	논격치	2	율신	8	요산수	4	논인물	9
	존성	4	거가	8	출처	14	논과거지폐	3
	논지경	2	봉선	5	사군	5	숭정학	7
	성덕	4	가훈	1	고군진계	0	잡기	3
	교인	10	처향	4	거관	5	연신계사	0
	강변	5	사수	3	논이기	3	고종기	0
합 계	173							

2. 치밀한 학자적 풍모

정밀한 사색과 성찰적 가르침

회인불권誨人不倦의 스승

『한서』에 "글 가르치는 선생은 만나기 쉬우나, 사람됨을 가르치는 스승은 만나기 힘들다."라는 말이 있다. 학문함에 있어 참된 스승을 만나면, 삶의 확고한 신념을 형성할 수 있고, 인격의 비약적인 성숙을 기약할 수 있다. 그러나 퇴계는 학문적 성취를 도와줄 스승이나 벗이 없어 오랫동안 시간을 낭비했다.

> 내가 젊을 때부터 학문에 뜻을 두기는 하였으나 계발하여 줄 스승이나 벗이 없었다. 그래서 수십 년을 헤매면서도 어디로 들어가야 할지 어느 곳부터 손을 대야 할지 알 수가 없어서, 심사를 헛되이 낭비하면서 탐색하기를 그만두지 않아 밤새도록 정좌하여 잠을 자지 않았다(『퇴계선생언행록』「학문」).

퇴계의 첫 스승은 숙부 송재 이우松齋 李瑀: 1469~1517였다. 송재는 퇴계를 가르치면서 학문이 발전함에 따라 기뻐하면서 칭찬을 아끼지 않았다. 그러나 숙부의 가르침도 잠시였고, 퇴계는 스승 없이 혼자서 학문을 하다 보니 몇 10여년을 허송세월했다. 퇴계에게 스승이나 벗이 있었더라면 보다 효과적으로 학문을 했을 것이다. 여기서 퇴계는 학문적 사표로서 뿐만 아니라 질의문난의 도반道伴으로서 스승 모습을 생각하였으며, 스승의 중요성을 인식했다. 그리고 퇴계는 스스로 학문을 진전시키기 위해 공부하는 자세를 단정히 하였고 엄숙하게 하였으며, 정독을 통해 정확한 의미를 파악하도록 노력했었다.

> 선생이 글을 읽을 때는 단정히 앉아서 우렁차게 읽었으며, 글자마다 그 뜻을 찾고 구절마다 그 의미를 찾았다. 비록 한 자나 한 획의 사소한 것이라도 그냥 지나치지 않았다

(『퇴계선생언행록』「학문」).

퇴계는 학문에 대한 정치精緻한 탐구와 정밀精密한 숙고를 강조했다. 이를 통해 학문을 생각하는 퇴계의 치밀한 학자적 풍모를 엿볼 수 있다. 그리고 퇴계는 독서의 방법으로 가장 좋은 것은 숙독熟讀이라 했다.

다만 익숙하도록 읽는 것뿐이다. 글을 읽는 사람이 비록 글의 뜻을 이해하더라도 익숙하지 못하다면, 읽으면 곧 잊어버려서 마음에 간직할 수가 없다. 반드시 배우면 다시 복습하는 공력을 들인 뒤에야 비로소 마음속에 지닐 수 있어서 '흠뻑 젖어드는 맛'[浹洽之味]이 있다(『퇴계선생언행록』「독서」).

공부하는 사람에게는 누구나 일정한 시간이 지나면 공부한 내용을 망각하기 마련이다. 그 망각을 방지하기 위해 복습하여 마음속에 '협흡지미浹洽之味'가 있어야만 완색玩索되어 진정으로 자신의 것이 된다. 퇴계는 성현의 언행을 일상에 실천함으로써 참된 공부가 달성된다고 보았다. 또한 퇴계는 학문하는 자세에 대하여 용의容儀의 엄격함을 강조했다.

평소에 새벽이면 일어나서 반드시 세수하고, 머리 빗고, 의관을 갖춘 다음 종일토록 책을 보았으며, 때로는 향을 피우고 정좌하기도 했다. 항상 마음을 마치 해가 막 떠오르듯이 성찰하여 가다듬었다(『퇴계선생언행록』「학문」).

퇴계는 학문함에 있어 치열한 자기성찰을 통해 구인성학求仁聖學

과 인격완성을 달성하려고 끊임없이 노력했다. 아울러 퇴계는 제자의 가르침에도 싫증을 내거나 권태로워하지 않았다.

> 후학을 가르침에 있어 싫증을 내거나 권태로워 하지 않았으며, 친구처럼 대하고 끝내 스승으로 자처하지 않았다. 선비들이 멀리서 찾아와서 의문점을 물으면, 그들의 깊이에 따라 일러주었다. 반드시 입지立志를 우선으로 삼고, 주경主敬과 궁리를 공부할 곳으로 삼아서 자상하고 친절하게 인도하여 깨우쳐 주었다(『퇴계선생언행록』「교인」).

퇴계는 '천리부급千里負笈'의 제자들을 친구처럼 맞이하였고, 스스로 스승이기를 자처하지 않았다. 특히 퇴계는 후학에게 입지를 강조했다. 왜냐하면 입지는 자아실현을 위한 자신과의 약속이며, 성학聖學을 달성하려는 원대한 포부이기 때문이다.

논리적 강의와 자유로운 토론

적재적소適材適所의 가르침

퇴계는 제자들과 성리설·수양론·의리론 등의 다양한 분야에 걸쳐 강학과 토론을 전개했다. 이러한 강변講辨을 통해 퇴계와 제자들은 서로 인격적 감화와 학문적 성취를 이루었고, 사제의 애틋한 정리情理를 나누는 인간적 만남을 중시했다.

퇴계의 강의는 논리가 정연하였으며, 항상 기운이 화기롭고 말씀이 시원스럽다고 학봉은 기록했다. 그리고 퇴계는 제자와 더불어 논변을 진행하다가 의심나는 곳에 이르면, 자신만의 의견이 옳다고 고집하지 않았다.

> 논변을 할 때 기운이 화기롭고 말씀이 시원스러우며, 이치가 밝고 논리가 정연해서 비록 온갖 의견들이 쏟아져 나오더라도 섞갈리지 않았다. 대화를 나눌 때 반드시 상대방의 말이 끝난 다음, 천천히 한 마디 말로 이를 분석하여 가리었으나 반드시 그것이 옳다고 하지는 않았다. 다만 내 생각은 이런데 어떤지 모르겠다고만 했다(『퇴계선생언행록』「강변」).

퇴계는 궁리의 단서를 다양한 것으로 보았기 때문에 하나의 방편만을 주장하지 않았다. 즉 자신의 입장을 분명히 표출하였지만, 판단은 듣는 사람들로 하여금 결정하도록 했다. 그리고 퇴계는 경전에 근거하여 자신의 말이 이치에 맞으면 다시 논변하여 상대방의 의문을 풀어주었다. 혹시 자신의 견해에 잘못된 점이 있다면, 그것을 버리고 남의 의견을 수용했다. 때문에 사람들은 퇴계에게 기쁜 마음으로 복종했다.

퇴계는 사소한 내용이라도 심사숙고하여 대답했다. 이는 질문하는 사람의 인격을 존중하기 위함이며, 또한 대답하는 사람의 진지함을 보여주기 위한 행동이기 때문이다. 즉 "누가 무엇을 물으면, 비록 하찮은 내용이라도 반드시 잠깐 마음에 두어 생각해보고 대답하였으며, 묻자마자 대답하는 법이 없었다."[72] 그리고 퇴계는 제자들에게 동일한 획일적 교육이 아니라 그들의 능력에 맞는 개별적 교육을 실시했다. 즉 현대교육이론에서 강조하는 개인차를 고려하여 개별수업을 진행했다.

배우는 자가 학업에 대해 묻고 도움을 청하면, 그 자질의 얕고 깊음에 따라 일러 주었다. 만약 깨닫지 못하는 곳이 있으면, 거듭해서 자세히 설명하여 깨우쳐 주었다(『퇴계선생언행록』「교인」).

이처럼 학봉은 『퇴계선생언행록』의 「강변講辨」에서 정치한 논리, 수용적 토론 태도, 심사숙고의 답변을 주장하는 것으로 퇴계상을 제시했다. 이것이 바로 스승과 제자가 가르치고 배우면서 함께 성장하는 교학상장敎學相長의 전범典範이라 할 수 있다. 결국 학봉은 치밀한 학자상과 성찰적 교사상으로 퇴계를 기록했다.

3. 자상한 인간적 품격

순선한 성품과 검약한 일상

서권기書卷氣의 거처

퇴계와 같은 시기에 살았던 대표적인 선현들의 인품에는 특별한 특징이 있다. 물론 주관적 판단일 수 있지만, 남명 조식南冥 曺植: 1501~1572은 강직한 절의節義를 드러내었고, 율곡 이이栗谷 李珥: 1536~1584은 예지적叡智的 지성을 지녔고, 퇴계는 온화하고 순선純善한 덕성을 구유具有했다. 특히 퇴계는 천품이 고결하고 독실했다. 사람을 대할 때 겸손하여 화락한 기운으로 맞이하여 혈기의 충동을 받지 않았다.

> 선생은 젊을 때부터 타고난 자품이 도리에 가까워서 맑고 따뜻하고 정결하여 독실하고 순수하였으며, 마음 씀이나 일처리가 도의에서 우러나오고 결코 혈기의 충동을 받는 일이 없었다(『퇴계선생언행록』「자품」).

그리고 퇴계의 성품은 공손하고 자상하여 남을 존중했다. 또한 퇴계는 자신을 쉽게 드러내지 않는 신중하고 겸허함을 지녔다. 학봉에게 비친 퇴계는 바로 유학의 교육적인 인간상인 성인이며 호학好學의 군자였다.

> 선생은 따뜻하고 공손하며, 자상하고 조용하여 성난 모습이나 거친 자세를 하는 일이 없었다. 멀리서 바라보면 엄연(儼然, 의젓함)하여 그 풍도를 존경할 만하였으나, 가까이 대하면 따뜻하여 사랑할 만한 너그러운 덕성이 있었다(『퇴계선생언행록』「자품」).

퇴계는 후학들에게 일상생활의 절도에 대해서도 많은 가르침을 주었다. 즉 거처하는 곳은 항상 정돈되어 있고, 책상은 깨끗하였으며, 방안에는 질서정연한 책들로 가득했다. 퇴계가 거처하는 이런 곳을 본다면, 누구라도 '서권기書卷氣'를 느낄 것이다.

> 거처는 반드시 정돈되고 안정되었으며, 책상은 반드시 맑고 깨끗했다. 방안에 도서가 가득하였으나 항상 정연하여 어지러운 법이 없었다. 새벽에 일어나서 반드시 향을

● — **율곡의 초상화**: 율곡 이이(栗谷 李珥, 1536 ~ 1584)는 조선시대의 성리학자, 정치가, 교육자, 시인으로서 어머니가 신사임당이다. 교육과 관련된 책을 많이 저술하였는데, 『격몽요결(擊蒙要訣)』, 『학교모범(學校模範)』 등이 대표적인 책이다. 영정은 이종상 화백이 그렸다.

> 피우고 정좌靜坐하여 종일 글을 읽었으며, 언제나 나태한 모습을 볼 수 없었다(『퇴계선생언행록』「기거어묵지절」).

독서당讀書堂에서 다른 선비들이 방심하여 함부로 행동하여도 퇴계는 단정한 태도로 책을 읽고 언행을 근신했다. 예법에 어긋나지 않는 반듯한 태도와 자신을 단속하는 절제력은 사람들이 퇴계에게 쉽게 근접할 수 없는 기상을 느끼도록 만들었다. 그러하였기에 사람들은 퇴계를 공경하였고 소홀히 대우하지 않았다.

> 젊은이나 어른들이 글방에 모여서 여럿이 제멋대로 자세

를 흩뜨리고 있는 속에서도 반드시 몸을 거두어 단정히 앉았으며, 옷매무새를 반드시 단정히 하고 언행을 언제나 삼갔으므로 사람들이 모두 사랑하고 공경하여 감히 소홀히 대하지 못했다(『퇴계선생언행록』「기거어묵지절」).

그리고 퇴계는 일상생활에서 형제간의 우애를 강조하였고, 형님들을 부모처럼 공경했다. 형제는 한 부모로부터 태어나 같은 혈기를 받았으므로 가장 친밀한 관계이다. 이것이 바로 '형제동근생兄弟同根生'의 의미이다. 퇴계는 여러 형제 중에서 생존하시던 찰방공察訪公이 집을 방문하면 아버지처럼 모시듯 했다. 퇴계에게는 다섯 분의 형님이 있었는데 위로 네 분은 이미 별세하였고, 당시에는 다섯째 형님인 이징李澄만이 혼자 생존했다.

찰방공이 집에 찾아오면, 문 밖에 나가 맞아들여서 한 자리에 차례를 따라 앉아서 공경하고 즐거워하는 모습이 그 표정에 넘쳐흘렀는데, 바라보는 사람들로 하여금 효제孝悌하는 마음이 생기도록 했다(『퇴계선생언행록』「거가」).

한편, 퇴계 가문의 재산 정도를 정확하게 확인할 수 없지만, 상당한 규모의 재산을 소유하여 경제적 기반이 공고한 것으로 나타났다. 퇴계가 손자녀들에게 상속한 분재기分財記에 의하면, 대략 3,000 두락斗落의 전답과 300여명의 노비를 소유했다. 이같이 막대한 전답을 소유한 퇴계는 항상 풍족한 생활을 유지했던 것은 아니었다. "추운 겨울에 '시탄절귀柴炭絶貴'의 어려움 속에서 떨기도 하였으며, '절량지환絶糧之患'의 곤궁과 장자의 살림이 어려워 처가살이를 여러 해 동안 했다."[73] 더욱이 흉년으로 인해 자주 생활고를 겪었고, 제사를 모시고 손님을 접대하는 데에 소요되는 경제적 부담도 상당했다. 그래서 퇴계는 과도한 물욕을 경계하였고, 일상생활에서 검약한 생활을 실천했다.

> 선생은 본래 검소함을 숭상하여 세수할 때는 도기(陶器, 질그릇)를 사용하였고, 부들자리에 앉았으며, 삼베옷에 끈으로 된 띠를 매었고, 칡으로 엮은 짚신을 신고 대나무 지팡이를 짚으면서 소박하게 거처했다(『퇴계선생언행록』「거가」).

이와 같이 퇴계는 검소하고 청빈한 생활로 부귀를 바라는 세속적 욕망을 멀리하고 소박한 전원생활을 추구했다. 학봉은 퇴계의 순선한 품성과 검약한 일상생활에서 따스하고 너그러운 인간상을 발견했다.

자연을 즐기는 풍류

전원생활에 대한 간절한 그리움

퇴계는 을사사화1545를 경험하면서 관직생활에 깊은 회의를 느껴 고향으로 돌아가기를 항상 희망했다. 그러나 그것도 쉽지 않아 외직으로 근무하면서 자연을 사랑하고 즐겼다.

> 두 군단양과 풍기에 재임 할 때, 맑은 바람이 시원하듯 한 점의 사사로운 마음이 없었다. 공무의 여가에는 오로지 서리(書史, 책)으로 스스로를 즐겼으며, 때로는 초연히 홀로 나

가서 수석水石의 사이를 배회했다. 밭가는 늙은이나 마을의 노인들은 마치 신선처럼 바라보았다(『퇴계선생언행록』「요산수」).

퇴계는 50세에도 아직 집이 없었으나, 결국 퇴계[토계(兎溪)를 퇴계(退溪)로 고침] 주변에 거처를 정했다. 퇴계는 전원생활에 대한 간절한 그리움을 주변의 자연경관에 명명命名하여 달성하고자 했었다.

집의 서쪽에는 시냇물이 흐르고, 정사를 지어 이름을 한서암寒栖庵이라 했으며, 샘물을 끌어들여 연못을 만들고는 광영당光影塘이라 이름했다. 매화와 버들을 심고 그 사이에 '세 갈래의 길'을 내었다. 앞에는 탄금석彈琴石이 있고, 동쪽에는 고등암古藤巖이 있었는데, 산과 물이 맑고 아름다워 완연한 하나의 별천지를 이루었다(『퇴계선생언행록』「요산수」).

위의 '세 갈래의 길'은 "한漢 나라 장후蔣詡가 벼슬을 버리고 고향으로 돌아와서 거리에 세 갈래의 길을 닦아다."는 것에서 유래했다. 그래서 세 갈래의 길은 벼슬을 버리고 숨어사는 사람의 거처를 가리킨다. 퇴계는 풍기군수 시절에 소백산을 등반했다. 이때에 「유소백산록遊小白山錄」을 남겼다. 여기서 퇴계는 "소백산에는 수많은 바위와 수많은 골짜기의 아름다운 경치가 있다."고 언급하면서 소백산의 자연경관에 감탄했다. 학봉은 소백산을 다녀 온 퇴계의 모습을 다음과 같이 기록했다.

군[풍기, 이때에 선생이 군수임]에 소백산 있었는데 영남에서 손꼽는 명산이다. 선생이 일찍이 말을 채쳐 홀로 찾아가서

봉우리에 올라가 여러 날이 지나서야 돌아왔다. 거침없는 [표연(飄然)] 모습에 '남악의 흥'이 있었다.

위의 남악은 중국의 형산衡山을 말하며, '남악南嶽의 흥興'은 주희朱熹가 형산을 유람하면서 지은 시의 흥취를 말한다. 퇴계는 1562년에 천연대天淵臺에 올라 시를 지어 자연에 노니는 즐거움을 펼쳐보였다.

밤중에 신선이 되어 놀다가 꿈에서 깨어 半夜遊仙夢自回
돈독한 친구를 불러 강둑에 올랐다네 起呼幽伴上江臺
맑은 바람은 마음이 있어 옷소매에 찾아오고 清風有意迎懷袖
밝은 달은 다정하여 술잔을 권하네 明月多情送客杯

위의 시에서 퇴계는 자다가 꿈에서 일어나 강둑에 올라 맑은 바람과 밝은 달을 친구삼아 술잔 권하며, 우주의 근원을 사색하고 자연에 노니는 즐거움을 생각했다.

4. 청렴한 관료적 자세

진퇴의 의리와 엄격한 관직생활

괴이한 돌 두 개의 보따리

선비의 출처관은 엄격하고 분명해야 한다. 즉 관직에 나아가고 물러섬은 사사로운 공리功利와 경제적 이익을 도모하기 위한 것이 아니라 국가에 대한 봉사와 애민을 실행하기 위한 것이다. 퇴계는 출사에 깊은 뜻을 두지 않았지만 조정의 부름에 응대했다. 그러나 퇴계는 항상 치사致仕에 관심을 두었고, 고향에 돌아가 후학을 가르치고자 염원했다. 그 이유는 당시의 정치적 상황과 관련되어 있다. 즉 퇴계가 관직생활을 했던 시기는 사림의 성장기였고, 또한 사화의 혼란기였다. 그래서 퇴계는 정치적 영달榮達에 관심을 두지 않았고, 오로지 귀향하여 학문 탐구와 후학 교육에 관심을 가졌다. 이런 이유로 퇴계는 벼슬하는 동안에도 관직에서 벗어나 고향으로 돌아가려는 '치사귀전致仕歸田'의 꿈을 늘 간직하고 있었다.

> 선비는 정치에 나아가고 물러나는 법도를 잊어버렸고, 벼슬을 그만두는 예법이 없어졌다. 헛된 이름을 구하는 병폐는 날이 갈수록 심해지고 있다. 물러날 길을 찾는 일 또한 갈수록 어렵다. 지금에 와서는 나아가고 물러남이 모두 어렵게 되었고, 서로를 비방하는 소리는 태산처럼 높아가니 참으로 걱정스럽고 두려운 심정 그지없다(『자성록』「답기정자명언대승」).

퇴계는 출처에 대하여 오직 도리로써 몸소 실행해야 한다고 했다. "나아가고 물러남을 도리에 맞게 한다."라는 것은 선비의 출처 원칙이다. 이는 가치의 인식과 실천의 문제이다. 그러나 당시의 선비들은 출처의 법도를 저버리고 상호 비방을 일삼으니, 이것에 대해 퇴계는 저어한 마음을 나타냈다. 그리고 출처에 대한 도리를 생각하지 않고 임금의 총애만을 중시한다면, 군신 간에 예의는 없고 작록爵祿만 있을 뿐이라고 경고했다.

> 출처에 대한 도리를 생각하지 않고 단지 임금의 사랑만을 중하게 여긴다면, 이것은 임금이 신하를 부림에 있어서나 신하가 임금을 섬김에 있어서 모두 예의로써 하는 것이 아니라 벼슬과 녹봉을 가지고 하는 것이다(『퇴계선생언행록』「출처」).

오늘날 공직사회에 만연되어 있는 '줄서기 문화'와 인사 청탁은 진퇴의 의리를 무시하고, 오로지 자신의 작록만을 도모하는 공리적功利的 행위이다.

퇴계는 48세에 풍기군수로 부임한 후 서원교육의 보급에 힘썼고, 우리나라 최초의 서원인 백운동 서원을 최초의 사액서원인 소수서원으로 만드는데 노력했다. 이를 계기로 퇴계는 만년에 서원교육운동을 적극적으로 전개하여 선비들의 학풍을 일으키고, 서원을 통해 인재를 양성하는 기반을 마련했다.

> (군수직을) 그만두고 돌아올 때 보따리가 단출[소연(蕭然)]하여 단지 괴이한 돌 두 개만 싣고 돌아왔다. (중략) 방백이 조정에 전달轉達하여 서원에 사액하고 서적을 보급하는 일이 이때에 선생으로부터 시작되었다. 틈이 있는 날은 서원에 가서 학생들과 열심히 학문을 강론하였는데, 반드시 옛 사람의 위기지학爲己之學에 대하여 거듭 친절하게 일러주었다(『퇴계선생언행록』「거관」).

퇴계는 군수직에서 퇴직할 때 보따리가 단출하였고, 오직 괴이

한 돌 두 개만을 가져왔다고 하였으니, 여기서 학봉은 퇴계의 청렴한 공직자상을 표현했다. 그리고 53세에 성균관 대사성에 취임하면서 성균관과 사학四學의 교육에 매진했다. 그러나 사화의 영향으로 선비들의 학습의욕은 쇠퇴하였고, 책문策文에 대한 대책對策도 이루어지지 않았다. 책문은 과거시험의 논술문제지이며, 대책은 책문에 대한 해결책을 제시하는 논술문의 답안지라고 볼 수 있다.

> 대사성이 되어 사람을 만드는 것을 자신의 소임으로 삼아서 사학四學에 글을 보내어 권면하고 또 책문을 내어 학문을 독려하는 방법으로 삼았다. 그러나 이때에 이미 사습士習이 패퇴하였으므로 도리어 세상 물정을 모른다고 하면서 한 사람도 그 책문에 대답을 낸 자가 없었다(『퇴계선생언행록』「거관」).

퇴계는 서원과 성균관을 통해 유학적 이념인 성리학적 질서를 교육하고 선비를 양성하여 국가체제를 유지하려 했었다. 그러나 퇴계의 성균관 유생들에 대한 간절한 기대에도 불구하고 당시의 유생들에게 외면되었고, 그 이후 사회에서 성균관은 교육의 본연에서 일탈하여 한때는 연회장으로 사용되기도 했다.

관대한 사귐과 위의威儀의 몸가짐

배려하는 마음과 인간존중의 정신

유학은 인간학이이며 인문학이다. 인간학이란 인간본성을 탐구하고, 동시에 인간의 사회적 관계를 탐색하는 학문이다. 인간은 사회적 관계 속에서 자아성찰을 추구하며, 사회적 역할을 수행한다. 또한 인문학 역시 사람과의 도리와 법칙을 모색하는 학문이다. 퇴계는 사람들과의 교제에 있어 희노喜怒를 얼굴에 드러내지 않았고, 남의 잘못을 말하지 않았으며, 예의를 숭상하는 태도를 강조했다.

퇴계는 사람에게 관대하였으며, 잘못이 있다면 고쳐 새로운 사람이 되기를 바랐다. "선생은 사람을 대하는 것에 매우 관대했다. 큰 잘못이 없는 자는 끊어버리지 않고 모두 용납하여 가르치며, 스스로 고쳐서 새로운 사람이 되기를 바랐다."[74]고 하여 비록 잘못이 있다하더라도 인간관계마저 끊어버리지 않았다.

퇴계는 말이나 행동, 생활에 있어서 알맞은 도리를 항상 실천했다. 더욱이 집에 손님이 찾아오면 그날 집의 형편에 따라 음식을 대접하였지, 손님의 귀천이나 장유를 구별하여 성찬을 차별적으로 대접하지 않았다.

> 손님을 맞아 식사를 할 때에는 반드시 집의 형편에 따라 했다. 아무리 귀한 손님이 찾아와도 역시 성찬을 차리지 않았으며, 비록 지체가 낮고 나이가 어린 자라도 역시 소홀히 대접하지 않았다(『퇴계선생언행록』「교제」).

여기서 퇴계는 교제함에 있어 지위의 귀천이나 나이의 장유長幼가 아니라 사람에 대한 존중이었다. 퇴계는 "벗이 죽으면 아무리 멀더라도 반드시 자제를 보냈으며, 제문을 주어 치제致祭했다."고 하여 벗에 대한 예의를 다했다.

그리고 율신律身은 자기 자신의 몸가짐을 의미한다. 퇴계는 한 평생 단아하고 절제된 몸가짐과 마음가짐을 보여주었다. 퇴계는 글씨도 반드시 정자正字로 쓰는 단정함을 지켰고, 남들과 놀이를 즐기지만 방탕함에는 이르지 않았고, 몸가짐을 단속하여 동료들이 모두 존경했다.

> 비록 때로는 남들과 놀이를 즐기기도 하였으나 역시 빠져들거나 방탕함에까지는 이르지 않았으므로, 동료들이 모두 그 몸단속함을 존경하였으며, 자기들과 다르다고 시기하지도 않았다(『퇴계선생언행록』「교제」).

퇴계는 관직생활에 있어 가장 중요한 몸가짐을 '거사去私'에 있다고 보았다. '거사'는 자신의 이기심을 없애는 행위이며, 사적인 관계의 정을 제거하는 행동이다. 그리고 퇴계는 몸가짐에 있어 고결한 인격자나 참된 학문을 배우려는 사람들과 교유했다.

> 비록 조정에 나갈 때는 조용히 자신을 지키고 비록 잘 아는 사이라 하더라도 번거롭게 왕래하는 일이 없었다. 그럼에도 그를 좇아 배운 사람들은 모두 한 때의 명망 있는 자들이었으며, 그가 맞아들인 자들은 반드시 학문을 지향하는 선비들이었다(『퇴계선생언행록』「율신」).

학봉은 「출처」와 「거관」에서 진퇴의 의리를 실천하고 청빈한 관리의 공직자상으로 퇴계를 묘사하였고, 「교제」와 「율신」에서 관대한 사귐과 위의威儀의 관료로 퇴계를 설명했다.

5. 퇴계의 인품에 대한 사관의 평가

퇴계에 관한 객관적인 평가는 사관史官의 평가라고 볼 수 있다. 사관은 비록 낮은 위계로 관직에 종사하였지만, 학식과 문장이 당대에서 뛰어난 학자였고 춘추필법春秋筆法의 역사심판자였다. 그래서 사관은 지적 자부심을 가졌고, 역사 서술에 대한 책임감을 지녔다. 퇴계에 관한 사관의 평가는 『왕조실록』에 15개 정도 수록되어 있다. 그 중에서도 학봉의 기록과 유사한 사관의 평가는 다음과 같다.

> 이황의 사람됨은 기질이 뛰어나고 총명하게 슬기로웠으며, 가을 달과 얼음 항아리처럼 깨끗하고 위엄이 있었으며, 평온한 마음으로 자신을 지키었고, 숨어서 수양하고 물러나 도리를 간직하는 데 뜻이 있었고, 벼슬에는 전혀 뜻이 없었다. 그의 학문은 주로 궁리와 정심正心이었고, 주자·정자程子·공자·맹자를 본받았으며, 책 속에 파묻혀 성현의 사업을 자기의 임무로 여겼다. 조용하고 온화하여 일상생활의 모든 것이 저절로 법도에 맞았다. 이기李芑: 1476~1552에게 논박을 받고 벼슬을 버리고 고향으로 돌아갔었는데, 누차 관리로 임명함으로써 억지로 관직에 나왔다(『명종실록』 권14, 14년 5월 계축).

이제까지 설명한 퇴계상을 요약하면, 치밀한 학자의 풍모, 자상한 인간적 품격, 청렴한 관료적 자세 등이다. 즉 퇴계는 정밀한 사색으로 학문을 강구하였으며, 제자들에게 성찰적 가르침과 치밀한 토론을 강조했다. 그리고 퇴계는 순선한 성품으로 사람들에게 관대하였으며, 검약한 일상생활과 전원생활의 풍류를 즐겼다. 마지막으로 진퇴의 의리와 엄격한 관직생활을 중시하였고, 관대한 사귐과 위의威儀의 몸가짐을 실천했다. 결국 퇴계는 우리 곁에 존재하는 친근하고 인자한 학자요, 국가에 헌신하는 청렴한 관리이며, 순선하고 검소한 아버지의 모습이다.

제8장 퇴계학파의 분석과 교육철학적 의미

1. 퇴계학파의 전승傳承

조선유학의 핵심으로 등장한 퇴계학단

퇴계학파는 조선사회의 핵심세력으로서 유학적 이념을 적극적으로 실천하였으며, 재야학자들로서 사림정신士林精神의 연원이 되기도 했다. 또한 퇴계와 그의 제자들은 서로 진리와 인간 속에 만남으로써 민족사에 하나의 거대한 정신 산맥을 형성했다. 그래서 퇴계학파의 학문적 경향은 그 이후 정신사의 흐름을 결정하는 나침반 역할을 했다. 특히 퇴계학파는 조선 중기 이후의 정치·사회 문화 등 사회전반에 걸쳐 지대한 영향을 끼쳤고, 퇴계학파의 학문적 사유구조는 민족문화의 산실이 되었으며 전통철학과 정신문화의 요람이 되었다.

전통사회에서 학파를 형성하는데 있어 중요한 요인은 대체로 두 가지로 논의할 수 있다. 하나는 사우관계이며, 다른 하나는 학문적 특징의 공유이다. 우리는 퇴계학파를 논의하기 위해서 퇴계 이후의 사우관계와 학문적 특징이 무엇인지를 정확하게 파악해야 한다. 즉 퇴계학파의 인물과 사상에 대한 연구는 일차적으로 퇴계 문인의 범위를 설정하는 것으로부터 시작된다. 또한 퇴계학파의 문인들이 주장했고 계승하고자 했던 학문적 성격을 밝혀야만 한다. 퇴계학파의 계보를 정순목이 분류한 것을 참고로 적기摘記한다.

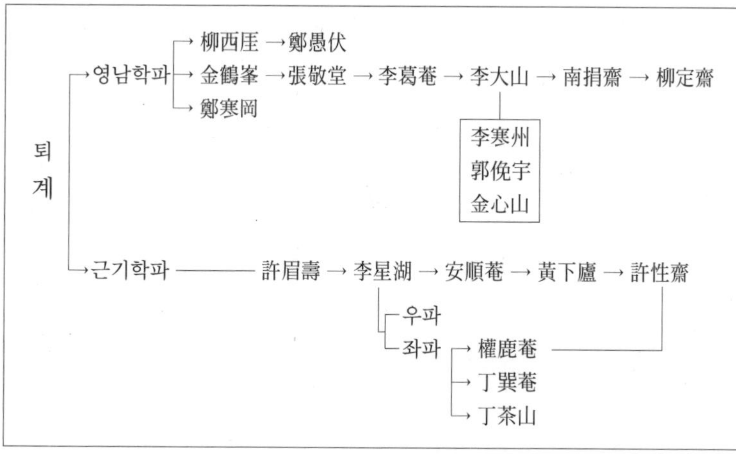

한편, 전통적인 교육의 형식으로서 스승과 제자가 되는 길은 여러 가지이다. 직접 급문及門하여 배움을 청한 것이 대표적인 형식이지만, 다만 서한으로 문목問目을 하였거나 사후에까지 정신적으로 의지하며 스승으로 모시는 사숙私淑의 형식도 있다. 이러한 사생師生 관계는 지속적으로 유지되었다.

2. 퇴계학파의 분석

『도산급문제현록』의 분석

태산교악泰山喬嶽의 퇴계학파

퇴계 문인록을 처음으로 작성한 사람은 권두경權斗經: 1654~1726이다. 그는 100여명의 문인록을 작성하여 『계문제자록溪門諸子錄』이라 이름했다. 그 후 퇴계의 6대손인 이수연李守淵: 1693~1748이 60여명을 추가하였고, 이를 이름하여 『도산급문제현록』이라 했다. 다시 이수항李守恒: 1695~1768이 10여명을 추가하고, 선생의 언행록과 문집 가운데서 선생의 가르침, 왕복 서신, 그리고 문인들의 만挽, 제祭, 소疏 등을 첨가했다. 퇴계의 9대 자손인 이야순李野淳: 1755~1831이 다시 수십 명을 추가함으로써 260여명이 되었다. 이렇게 해서 완성된 『도산급문제현록』은 5권 2책 혹은 5권 4책으로 간행되었다.

『도산급문제현록』의 내용은 먼저 범례, 목록, 퇴계의 「자명自銘」, 기대승奇大升: 1527~1572의 「후서後敍」, 조목趙穆 : 1524~1606의 「언행총록」을 수록하였으며, 이어서 1권에서 5권까지 모두 309명의 문인에 대한 성명, 자, 호 본관, 거주지, 생몰년生沒年, 퇴계와의 관계, 관력官歷을 기록했다. 또한 퇴계와의 사제 관계를 나타내는 편지, 시, 만사輓詞, 제문, 기록記錄 등을 제시했다.

퇴계학파 중에는 관료로서 진출한 인물들이 많은데 대제학을 지낸 문인이 10명이고, 정승을 지낸 문인이 11명이며, 시호를 받은 문인은 37명이다. 이들은 아래의 표와 같다.

〈표-1〉 퇴계문인 중 대제학(大提學, 10인; 취임순)

박순 이이 이산해 유성룡 이양원 홍성민 윤근수 심희수 유근 이호민

〈표-2〉 퇴계문인 중 상신(相臣, 11인)

박순(영) 노수신(영) 정지연(우) 정유길(좌) 이산해(영) 정철(좌) 유성룡(영) 윤두수(영) 정탁(좌) 심희수(좌) 김명원(우)

〈표-3〉 퇴계문인 중 시호(諡號)를 받은 사람(37인; 기록순)

노수신(문의공) 유희춘(문절공) 박순(문충공) 김부필(문순공) 구사맹(문의공) 구봉령(문단공) 정지연(문헌공) 정탁(정간공) 박광전(문강공) 기대승(문헌공) 정철(문청공) 성혼(문간공) 이이(문성공) 윤근수(문정공) 이산해(문충공) 허엽(문간공) 김명원(문익공) 김성일(문충공) 정곤수(문익공) 이성중(정간공) 김륵(민절공) 김우옹(문정공) 홍가신(문장공) 유성룡(문충공) 우성전(문강공) 홍언신(영양공) 이경중(문경공) 정구(문목공) 조호익(문간공) 김제갑(문숙공) 김수(소의공) 심희수(문정공) 유근(문정공) 윤탁연(헌민공) 이호민(문희공) 이양원(문헌공) 윤두수(문정공)

『도산급문제현록』에 기록된 퇴계 문인 전체 309명 중에서 관직을 받은 문인은 150명으로 48%를 차지했다. 정1품의 관직을 받은 인물이 8명, 종1품의 관직을 받은 인물이 7명이었다. 그리고 정2품과 종2품의 관직을 받은 인물이 8명과 13명으로 나타났으며, 정3품과 종3품의 관직을 받은 인물이 32명과 3명이었다.

관직을 받은 퇴계 문인 150명 중에서 당상관인 3품 이상의 관직을 받은 문인은 71명으로 47%를 차지했다. 이런 사실로 보아 퇴계 문인은 상당히 높은 관직에 제수되었음을 알 수 있었고, 이는 퇴계학파의 학문적 성장뿐만 아니라 정치적 영향력이 어느 정도인지를 추론할 수 있을 것이다. 퇴계 문인의 관직에 대한 분석은 아래의 표와 같다.

〈표-4〉 퇴계 문인의 관직 분석

구 분	문인 수	문인 수 누계
정일품	8	8
종일품	7	15
정이품	8	23
종이품	13	36
정삼품	32	88
종삼품	3	71
삼품 이하	79	150
합 계	150	

다음으로 퇴계 문인의 성씨별 문인수를 분석했다. 퇴계 문인의 성씨별 문인수를 분석해 보면 재지사족在地士族의 영향력과 향촌사회의 학문적 기반을 알 수 있을 것이다. 『도산급문제현록』을 분석한 결과, 가장 많은 수를 차지하는 성씨는 역시 퇴계 가문인 진성 이씨 가문이다. 이는 퇴계의 자질子姪들이 문인록에 많이 포함되었기 때문이다. 그 다음으로는 이덕홍 가문인 영천 이씨, 권호문權好文: 1532~1587 가문인 안동 권씨, 금난수琴蘭秀: 1530~1604 가문인 봉화 금씨, 김사원金士元: 1539~1601 가문인 안동 김씨, 김성일 가문인 의성 김씨 등의 순이다. 그러나 전체 성씨 수가 120여 종류 이상이므로 퇴계 문하에는 성씨가 고루 분포되고 있었음을 알 수 있다. 퇴계 문인의 성씨별 문인 수의 분석은 아래의 표와 같다.

〈표-5〉 퇴계문인의 성씨별 문인 수

성(본관)	문인 수	성씨 수	문인 수 소계
이(진성)	30	1	30
이(영천)	14	1	14
권(안동)	13	1	13
금(봉화)	11	1	11
김(안동)	10	1	10
김(의성)	9	1	9
김(광산)	7	1	7
윤(행평) 정(청주) 이(전주) 박(함양) 홍(남양)	5	5	25
박(밀양) 구(능주) 이(연안) 조(창녕)	4	4	16
김(광주) 변(밀양) 류(풍산) 남(의령) 배(흥해) 박(반남) 김(순천) 김(경주) 허(김해) 허(양천)	3	10	30
(너무 많은 관계로 생략함, 각 성씨에서 2명 배출)	2	22	44
(너무 많은 관계로 생략함, 각 성씨에서 1명 배출)	1	72	72
본관을 기록하지 않은 경우	28		28
계		120	309

그리고 퇴계 문인의 거주 지역을 분석해 보았다. 거주 지역을 분석함으로써 퇴계학의 지역적 영향력을 파악할 수 있을 것이다. 『도산급문제현록』을 분석한 결과, 퇴계 문인은 예안 56명, 안동, 49명, 영주 12명, 예천 10명으로 예안과 안동의 주변 지역에서

압도적으로 배출되었다. 이들 지역에서 배출된 문인은 전체 문인 309명 중에서 127명으로 전체의 41%를 차지한다. 이는 지리적 여건에 의한 자연스러운 현상이라 생각된다.

그러나 서울 지역에서 거주한 문인이 예안 다음으로 49명이나 되었다. 이는 퇴계가 관직생활을 하는 동안 적지 않은 인물들이 퇴계 문하에 출입하였음을 알 수 있다. 퇴계 문인의 거주지별 분석에 의하면 경북지역을 중심으로 산청·함안·창원 등의 경남 지역에 이르기까지 분포되어 있고, 소수이지만 강원·호남·호서 지방에까지 분포되어 있다. 이러한 분포는 퇴계의 학문적 명성과 위상이 전국에 걸쳐 있었음을 알 수 있다. 퇴계 문인의 거주지별 문인 수는 아래의 표와 같다.

〈표-6〉 퇴계문인의 거주지별 문인 수

거 주 지	문인 수	지역 수	문인 수 소계
예안	56	1	56
서울	49	1	49
안동	46	1	46
영주	12	1	12
예천	10	1	10
성주	6	1	6
선산·영천	5	2	10
풍기	4	1	4
영해·의성·해남·현풍·밀양	3	5	15

거 주 지	문인 수	지역 수	문인 수 소계
파주·호남·용궁·대구·충주	2	5	10
강릉·서울→안동·고령·고양·광주·광주·군위·기계·보성·봉화·사천·산음·산청·상주·순천·순흥·신령·아산·안덕·안동→예천·안산·안의·양근·용궁→안동·용인·원주·의령·장흥·창원·창평·청송·청주·칠원·함안·함창·호서·화순	1	37	37
거주 지역을 기록하지 않은 경우	54		54
계		56	309

다음으로 퇴계 문인의 사제관계를 분석했다. 사제관계의 형태는 퇴계와 문인간의 학문적 유대 관계를 판단하는 중요한 단서가 될 수 있다. 『도산급문제현록』에는 사제관계를 나타내는 용어들이 다양하게 표현되고 있다.

예컨대, 수업, 수학, 유문, 등문, 종학, 출입, 서질 등이다. 이러한 용어를 몇 개의 범주로 유목화는 어려운 일이다. 그래서 저자는 선행 연구의 결과를 그대로 활용하고자 한다. 선행 연구 결과에 따르면, A유형이 전체 문인 309명 중에서 157명으로 나타나 절반을 차지하였으며, B유형은 49명으로 16%를 차지하였고, 형태를 기록하지 않은 경우도 77명으로 25%를 차지했다. 퇴계 문인의 사제관계를 형태별로 나타내면 아래의 표와 같다.

〈표-7〉 퇴계문인의 사제관계 형태별 문인 수

유형	사제관계의 형태	문인 수	비율(%)
A	수업, 수학, 유문, 등문, 입문, 취문, 지견, 종학, 사사	157	50.8
B	배알, 왕래, 출입, 논변, 질의, 강질, 서질, 왕복서한	49	15.9
C	기타	26	8.4
D	형태를 기록하지 않은 경우	77	24.9
계		309	100

대표적 문인의 사승관계[75)]

학봉문파의 학맥

퇴계학파의 중추(中樞)

퇴계 문하의 인물들은 조선사회에서 핵심세력으로 성장하였고, 사림정신의 근원지가 되었다. 『선조실록』의 기록에 의하면, 퇴계 제자들에 관하여 다음과 같이 평가했다.

> 류성룡·조목·김성일은 함께 퇴계의 문하에서 배웠다. 성일은 강의剛毅하고 독실하여 풍도가 엄숙하고 단정하였으며 너무 곧아서 조정에 용납되지 못하였으나 대절大節이 드높아 사람들의 이의異義가 없었는데 계사년 나라 일에 진력하다가 군중軍中에서 죽었다. (……) 퇴계의 문하에서는 이

세 사람을 영수(領袖)로 삼는다(『선조실록』 권110, 10년 5월 을해조).

퇴계의 제자 중에서 이 세 사람을 영수로 기록한 점으로 보아 이들이 학행이나 학문 및 경세에 있어 출중하였음을 알 수 있다.

퇴계 제자 중에서 학봉 김성일1538~1593은 차지하는 비중과 위치가 두드러졌다. 학봉은 퇴계학파의 계승과 전개과정에서 보면 적통으로 인정되었고, 특히 퇴계의 예학과 의리론에 적극적인 관심을 보여 당시의 사회적 모순과 민족적 위기를 주체적으로 극복하려고 했다. 학봉문파는 퇴계학파를 적통으로 여겨졌기 때문에 영남학맥의 주류라고 할 수 있다. 그래서 학봉문파는 "퇴계학파의 본간本幹이요 중추中樞라고" 평가한다.[76)]

학봉의 학통은 경당 장흥효1564~1633를 거쳐서 외손인 갈암 이현일1672~1704에게로 이어졌으며, 이현일의 학통은 아들 밀암 이재1657~1730에게 전해졌고, 이재의 학통은 외손인 대산 이상정1710~1781에게 전해졌다.

이상정의 학통은 손재 남한조1744~1810에게 전수되어 정재 유치명1777~1861에게로 전해졌다. 유치명의 학통은 서산 김흥락1827~1899과 척암 김도화1825~1912, 한주 이진상에게로 이어져 나아갔다. 김흥락의 학통은 성재 권상익1863~1934과 수산 김병종1871~1931에게로 이어졌며, 권상익의 학통은 춘번 권명섭1885~1940에게로 전해졌다. 또한 김도화의 학통은 동산 유인식1865~1928에게로 전해졌다. 그리고 이진상의 학통은 아들 한계 이승희1847~1916와 면우 곽종석1846~1919에게로 전수되었고, 곽종석의 학통은 회봉 하겸진1870~1946, 성와 이인재1870~1929, 중재 김황1896~1978에게로 이어졌다.

이제까지 논의한 학봉문파의 사승관계를 도해하면 다음과 같다.

- 김성일 — 장흥효
  - 이현일
  - 이휘일
    - 이 재
      - 이상정
        - 남한조 — 유치명 —
        - 유도원
        - 유장원
        - 남장희
        - 최주진
        - 이종수
        - 김종덕
      - 이광정
      - 김한조
      - 권정택
      - 김낙행
      - 김익명
      - 김 굉
    - 김성택
    - 권두경
    - 권두기

- 김흥락
  - 권상익 — 권명섭
  - 김병종
- 권연하
- 이만징
- 김도화 — 유인식·김용희·송기식·정창조·김인수·홍의흠
- 유필영
- 이진상
  - 곽종석
  - 이승희
  - 이정모
  - 윤주하
  - 김찬우
  - 장영석
  - 이두훈
  - 허 훈

한강문파의 학맥

퇴계와 남명의 학덕이 남은 학단

한강 정구1543~1620은 퇴계와 남명 같은 홍유석덕鴻儒碩德을 한꺼번에 스승으로 모실 수 있었던 행복한 학인學人이었다. 한강은 두

스승의 장점을 고르게 물려받아 경의敬義를 조화롭게 협지夾持 할 수 있었다.

퇴계는 한강을 만나보고 나서 “자질이 영민하며 학문에 뜻을 두고 선을 좋아하니, 한훤당 후손의 여풍이 어찌 없었겠는가?”라고 하여 한강을 칭찬했다. 한강은 한훤당 김굉필의 외손外孫이다. 한강의 학문적 연원은 다음의 구절에서 엿볼 수 있다.

> 아아, 사현四賢이 나와서 정학이 밝아졌도다. 이를 절충하여 집성한 분은 오직 퇴계선생이시다. 한강 선생은 직접 보고 깨달아 홀로 전함을 받았으니, 주자를 모범으로 삼고 퇴계를 지남指南으로 삼았다(『한강전서』 부록 권2, 「신도비명」).

한강은 퇴계의 학문을 지남으로 삼은 결과 다수의 문인 가운데에서 학문이 가장 순수하고 심원한 경지에 이르렀다. 한강이 38세 때에 비로소 창녕현감으로 벼슬하기 시작했다. 이때에 선조가 한강을 직접 인견하고 퇴계와 남명의 인품과 학문에 대하여 물었다. 한강은 다음과 같이 대답했다.

> 퇴계는 덕기가 원만하고 두터우며 행실이 독실하고 공부는 매우 높으며 계급이 분명하며 배움이 쉽지만 깊이가 있다. 남명은 기국이 반듯하고 재기가 호매하며 배움에 초연하지만 자득하고 우뚝 서서 홀로 행하며 배움이 어렵지만 긴요하다(『한강전서』 부록 권1, 「연보」).

스승에 대한 평가를 조심스럽게 하였지만, 두 스승을 곡진하게 존숭하는 모습을 잊지 않았다. 그리고 한강의 인품에 대한 평가는 사관들이 다음과 같이 기록하고 있다.

> 정구로 창녕현감을 삼았다. 구球는 예학에 힘써서 몸단속을 심히 엄하게 하며 의론이 영발英發하고 청명淸名이 날로 드러났다. 여러 번 벼슬을 시켜도 나서지 아니하더니 이번에 상경하여 임명했다. 임금이 불러보시고 배운 것을 물어보시되 천어天語가 온순하시니 듣는 사람이 감격했다. 정구가 이에 부임했다(『율곡전서』 부록 권1, 「경연일기」).

퇴계선생과 흡사한 점이 많은 한강은 학문에 전심하여 예학과 심경에 통달했다. 그래서 한강은 많은 명유들을 배출하였으며, 한강문파는 번성했다.

퇴계의 문인록인 『도산급문제현록』을 모방하여 한강의 문인들을 기록한 책이 있다. 이름하여 『회연급문제현록』이다. 이 급문록에는 한강의 문인에 관한 성씨·자·호·본관·생몰년·과거·관력官歷·사제師弟 관계 등을 밝히고 있다. 여기에 수록된 문인은 총 342명이다.

한강문파의 학통은 미수 허목1595~1682, 여헌 장현광1554~1637, 낙재 서사원1550~1615, 석담 이윤우1569~1634에게로 전해졌다. 허목의 학통은 성호 이익1681~1763에게 전수되었으며, 이익의 학통은 다시 순암 안정복1712~1791에게 이어졌다. 그리고 안정복의 학통은 하려 황덕길1750~1827에게 전해졌으며, 황덕길의 학통은 성재 허전1797~1886에게 이어졌고, 허전의 학통은 후산 허유1835~1904에게 이어졌다.

이제까지 논의한 한강문파의 사승관계를 도해하면 다음과 같다.

- 정구
  - 허목
    - 이익 — 안정복 — 황덕길 — 허전
      - 허유
      - 노상직
      - 조병규
      - 노근수
      - 강병주
      - 이수형
    - 이태춘
  - 장현광
  - 이윤우
  - 서사원

서애문파의 학맥

우국충정의 후예後裔

서애 유성용西厓 柳成龍: 1542~1607은 학봉과 월천, 그리고 한강 등과 더불어 영남지역의 사림을 대표하는 유학자였다. 그는 퇴계의 성리학을 이어받아 발전시켰다. 또한 임진왜란과 병자호란으로 조선사회가 위급해지자 신하로서 조선 왕조체제를 유지하기 위해 국가에 충성을 다한 사대부였다. 서애는 관료로서 성장하였으며, 성리학에 깊은 학식을 겸비하자 많은 사림들이 그의 문하에 출입하게 되었다. 서애는 자신의 가르침을 받기 위해 출입한 수많은 제자들에게 근본과 체용을 중시하는 학문을 강조했다.

> 제왕의 학문은 경륜을 귀하게 여기는데 반드시 본말을 함께 거행하고 체용을 두루 갖춥니다. 안으로는 심신과 성정의 미세함으로부터 바깥으로는 정사를 베풀기까지 차례를 따르고 조목마다 통하여 고운 것과 거친 것, 큰 것과 작은 것을 어느 하나도 꿰지 않는 것이 없습니다. 큰 것으로 말하면 천지 사방을 경륜하고, 작은 것으로 말하면 추호같

이 세밀한 일에도 힘을 씁니다. 그런 다음에 비로소 본체에 밝고 쓰임에 적절한 학문이 되는 것이니, 본체는 있으나 쓰임은 없는 문제로 빠지지 않게 되는 것입니다(『서애전서』권 2, 「계사 : 유조인상소회계」).

『서애전서』의 문현록에 등재된 문인 수는 118인이었다. 이들 문인에 의해 서애의 학문과 사상은 전수되었다. 서애의 학통은 우복 정경세1563~1633·아들 수암 유진1582~1635·창석 이준1560~1635에게로 이어졌으며, 정경세의 학통은 무첨재 정도응1618~1667과 서애의 손자 졸재 유원지1598~1678에게 전해졌다.

정도응의 학통은 다시 남야 박손경1713~1782에게 전해졌으며, 박손경의 학통은 응와 이원조1792~1872·입재 정종로1738~1816·강고 유심춘1762~1834에게로 전해졌다.

그리고 이원조의 학통은 한주 이진상1818~1886에게로 이어졌으며, 이진상의 학통은 면우 곽종석1846~1919·후산 허유1835~1904·한계 이승희1847~1916에게 전해졌다. 그리고 곽종석의 학통은 중재 김황1896~1978·심산 김창숙1879~1962·성헌 이병희1859~1938에게 전수되었다.

이제까지 논의한 서애문파의 사승관계를 도해하면 다음과 같다.

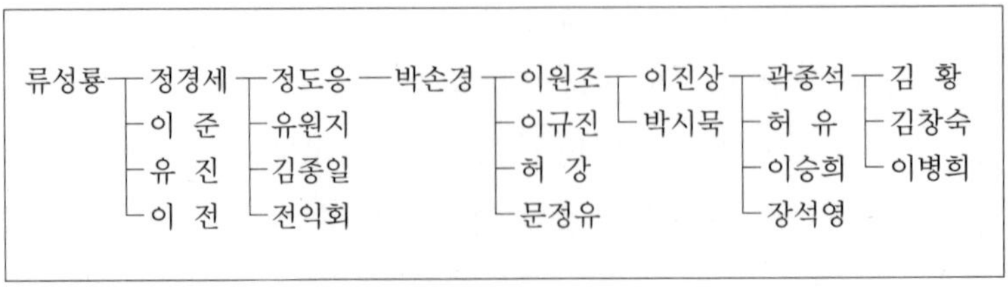

3. 퇴계학파의 교육철학적 의미

심학적인 인간관

유학은 한 마디로 표현하면 인간학이라고 할 수 있다. 퇴계 역시 인간 문제에 충실했다. 퇴계는 인간을 상지와 하우로 분류하였으나, 그 분류가 고정불변의 차별성을 전제로 한 것은 아니었다. 비록 인간은 훌륭한 기질을 타고났다 할지라도 자칫하면 하우의 인간으로 전락할 수 있고, 하우로 태어났더라도 얼마든지 높은 경지에 도달할 수 있다고 보았다. 그래서 학문을 통해 도덕적 자아의 내면적 계발과 각성을 중시했다.

> 학문의 길은 기질을 잘 타고나거나 잘못 타고나는 것에 관계없이 오직 천리를 분명히 아느냐 모르느냐와 천리를 온전히 실천할 수 있느냐 없느냐에 있을 따름이다(『천명도설』「논리기지품」).

이는 상지와 하우를 막론하고 학문을 통하여 천리를 분명히 파악하고, 이를 실천하는데 궁극적인 목적이 있음을 밝혔다. 결국 퇴계는 학문을 통해 도덕적 자아의 확립과 완성을 도모했다.

퇴계의 심학적 인간관은 퇴계 문인이었던 월천 조목月川 趙穆: 1524~1606에 의해서 계승되었고 발전되었다. 월천은 퇴계선생과 『심경』에 관하여 토론한 왕복 편지를 「심경품질」로 묶었다. 이 논변서신을 묶음으로써 월천은 도덕적 자아를 자각하고, 구도의 정신과 경건의 자세를 견지하는 퇴계 학맥의 학문방법론에 더욱 심취되었다. 월천의 「심경품질」에서 발견되는 특징 중의 하나는 주자의 심성론을 철저히 추종했다는 점이다.

> 『심경』에는 주문註文을 적용하지 않아도 그만입니다. 만약 주문을 적용한다면 마땅히 주자집주나 그의 장구의 이론을 이용해야 할 것입니다. 그러나 (황돈이) 이 「부주」를 인용한 섯은 대부분 주자 본래의 주가 아닙니다. 간혹 주자의 주를 이용하였더라도 너무 간략히 줄였거나 주외註外의 문자를 택하였고, 인용하지 않은 것이 있는가 하면, 심한 경우 주자를 칭한 것에 자기 이론을 넣어 문자를 변환했거나 없는 것을 보태지 않으면 있는 것을 없앴으니, 황돈篁墩 선생은 여기서 이미 의심받게 되었습니다(『월천집』 권1, 「심경품질」).

즉 월천은 『심경』에 부주하려면 주자의 원주를 따라야 한다고 생각했다. 이는 퇴계보다도 월천이 심경을 대하는 태도가 더욱 더 주자 중심이었다고 볼 수 있다.

월천은 그의 「심경품질」의 서두에서 서산西山이 「심경찬」을 통하여 '리의 무형을 미微'라고 한 것을 비판한다. 월천에 따르면 『서경』에서 '도심유미'라고 할 때 "'미'자의 뜻은 천리가 비록 일용 사물 사이에 유행하지만 인심이 발현 성행하는 것에 대하여서는 '리가 은미함'을 말할 뿐이다. 정자程子가 '현미무간顯微無間'이라 한 미와는 같지 않다."는 것이다. 따라서 서산이 미를 곧 바로 '무형의 리'로 해석은 것은 잘못되었다는 주장이다.

월천이 심학에 몰두한 이유는 올바른 행동을 실천하기 위한 심성수양에 있었다. 그 자신이 스스로 엄정한 행동을 할 수 있었던 까닭도 바로 주자학적 심학에 심취하였기 때문이다.

실천지향적인 학문관

유학은 수기치인을 목적으로 한다. 즉 개인적인 수양을 통해 이상정치를 실현하려는 것이 유학이다. 그렇다 보니 유학은 사색과 실천을 중요시한다. 『논어』에서 언급하는 "공부하여 실천하지 않으면 쓸모없고, 생각만하여 공부하지 않으면 위태롭다[학이불사즉망 사이불학즉태(學而不思則罔 思而不學則殆)]."고 한 것을 학문의 종지宗旨를 지행호진으로 말한 것이다.

퇴계학파의 실천 지향적인 학문관은 학봉과 서애에 의해 발전되었다. 학봉은 현실주의적 입장에 따라 실천행동을 중시했다. 학봉의 학문사상도 형이상학적이고 이론적인 면보다는 일상적인 윤리실천의 문제에 중점을 두었다. 그 중에서도 학봉은 성리학적 수양과 실천의 핵심이라 할 수 있는 예의禮儀의 문제에 많은 관심을 표명한다. 『학봉집』에 수록된 문목의 대부분도 퇴계에게 질의한 상례와 제례에 관한 것이다. 즉 학봉은 퇴계에게 6차례의 걸쳐 문목을 올렸는데, 32개 조목 모두가 상장제례喪葬祭禮였다. 예시로 하나의 문목을 소개하면 다음과 같다.

> [문] 부형父兄들이 자제들의 글공부를 중요시하여 가묘家廟에 제사 지낼 때 산방山房에 있거나 혹은 근처에 있을 경우 제사에 참여하지 못하도록 하니, 마음에 몹시 온편치 못합니다.
>
> [답] 글공부를 중요시하여 제사에 참여하지 않게 하는 것은 '효제孝悌를 행하고 남은 힘으로 학문을 한다'는 뜻으로 헤아려 보면 매우 온당치 못한일이네. 마땅히 부형에게

> 잘 말하여 허락받는 것이 첫째이겠으나, 만약 청했는데도 부형이 들어 주지 않으면 역시 어른의 명령에 따라야지, 경솔히 생각하여 곧바로 자기 생각대로 행해서는 안 될 듯하네.

그리고 서애는 퇴계의 문하에서 성리학에 대한 공부를 통해 퇴계 학맥을 이어갔다. 특히 서애는 도학적 이론과 경세적 실천을 포괄하는 학자로 성장한다. 이 점은 퇴계의 학풍과 상당한 차이를 보여 준다. 퇴계의 학풍은 성리설의 정밀함과 수양론의 진심함에서는 탁월하지만, 현실 사회에 적극적으로 참여하는 활동에는 소극적이었다. 그러나 서애는 조선조의 국난기의 격동 속에서도 외교와 민생 등 다방면에 걸쳐 탁월한 식견과 지략으로 방책을 제시하고 활로를 개척했다.

서애는 언어와 문자를 통한 경전 중심의 피상적인 지식이 아니라 실천을 통한 학문의 발전을 모색했었다. 즉 서애는 사색과 실천을 통해 지식을 체득할 수 있다고 했다. 이러한 서애의 학문관은 그의 지행설에 잘 나타나 있다.

> 옛사람의 이른바 지는 진지이다. (......) 오늘날 언어와 문자의 끝이나 주워 모아 성을 논하고 리를 논하면서 스스로 안다고 여기지만 심신에는 대략적으로도 관계가 없는 것은 모두가 덕을 버리는 것이니, 공자의 이른바 망녕이라는 것이다(『서애전서』 권 1, 「지행설」).

따라서 서애는 의리 혹은 도리가 심신에 확고해야만 근본적인 덕을 체험하고 체득할 수 있다고 보았다. 서애가 이러한 견해를 견지하도록 한 것은 퇴계가 서애에게 답한 편지에 영향을 받았다고 볼 수 있다.

> 어느 때와 어느 장소에서든 자신의 힘을 헤아려 노력을 들이고 항상 의리로써 물주고 재배하듯이 하여 없어지지 않게 하면, 연평의 이른바 "도리가 항상 심목心目 속에 있다"고 하는 말처럼 자기 몸에서 직접 그것을 보게 될 것이다. 생각건대 인仁을 행하는 것은 자신에게 달려 있지, 남과는 무관한 것이다. 만약 이러한 근본의 자리가 마련되지 않는다면, 비록 매일 스승과 제자가 상종하더라도 역시 끝내는 무익으로 돌아갈 뿐이다(『퇴계전서』 권2, 「답유이현).

퇴계가 편지를 통해 서애에게 의리로써 지행의 근본을 실천하라는 충고했다. 이러한 퇴계의 충고는 서애가 실천지향적인 학문을 존숭하도록 했다. 퇴계학파는 이기의 문제보다는 실천을 중요시하였고, 심신에서의 체험과 체득을 통한 진지를 강조했다. 이는 유학이 공허한 관념적인 문제를 궁리하기보다는 실천적 지행의 문제를 천착하도록 관심의 지향성을 변화하게 했다. 결국 실천지향적인 학풍은 임진왜란과 구한말의 의병활동으로 발전되었으며, 충의정신과 대의정신을 생명처럼 여기는 것으로 귀결되었다.

4. 추로지향의 연원

영남지역은 추로지향鄒魯之鄕이며, 유학문화의 정수를 간직한 고장이었다. 때문에 영남지역을 중심으로 유학은 지속적으로 발전을 거듭해 왔다. 특히 한국유학의 시대사적 흐름에서 보면, 영남의 비중은 '태산교악泰山喬嶽'과 같았다. 예컨대, 퇴계를 정점으로 그 이후 유학의 발전은 가히 '춘추전국'을 방불케 하여 서애, 학봉, 한강, 갈암, 대산, 한주 등과 같은 대학자를 배출했다.

이러한 대학자들의 출현으로 말미암아 퇴계의 사상과 학문은 지속적으로 전수되었고, 그 전수과정을 통해 자연스럽게 퇴계학단退溪學團이 형성되었다. 퇴계학단은 전통사회에서 학파를 형성하는데 있어 중요한 요인이었던 사우관계의 형성과 학문적 특징의 공유를 겸비하고 있었다. 때문에 퇴계학단의 많은 문인은 관료로서 성장하기도 하였으며, 또한 재야사림의 태두로 추앙받았다. 예컨대, 학봉 김성일·월천·조목·서애 유성룡·한강 정구 등과 같은 학자는 도학적 이론뿐만 아니라 경세적 실천의 방면에서도 현저한 역할을 수행했었다.

한편, 퇴계학파의 문인 중에는 당상관 이상의 관직을 받은 인물이 71명이었고, 대제학과 정승의 반열에 오른 인물도 10명과 11명으로 나타났다. 이는 퇴계학파의 학문적 성장과 정치적 영향력을 가늠하는 하나의 척도가 될 수 있었다. 그리고 퇴계 문인의 거주지는 안동 지역뿐만 아니라 서울 및 각 지방에 분포되어 있었으므로, 퇴계의 학문적 명성과 위상이 전국에 걸쳐 있음을 알 수 있었다. 또한 퇴계 문인의 사생형식은 대부분 급문과 사숙의 형식으로 이루어졌다. 즉 수업, 수학, 유문, 입문, 배알, 출입, 논변, 질의, 왕복서한 등이었다.

퇴계학파는 성리학의 본질인 인간문제와 실천문제에 관심을 가졌다. 이는 퇴계가 후학들에게 교학教學하고자 하였던 핵심이기도 했다. 그래서 퇴계학파는 심학적인 인간관을 토대로 도덕적인 자아의 계발과 각성을 중시하는 학문을 강조했다. 또한 퇴계학파는 실천지향적인 학문에 입각하여 윤리적인 실천행동을 강조하여 수양과 실천의 핵심이라 할 수 있는 예禮에 많은 관심을 가지기도 했다.

끝으로 이 장에서 다루지 못했던 몇 가지 문제는 앞으로의 연구과제로 남겨둔다. 예컨대, 퇴계학파의 대표적인 문파에 대한 정밀하고 체계적인 분석을 통해 퇴계학파의 학맥지도를 완성하는 문제이다. 또한 보다 많은 퇴계 문인에 대한 연구를 통해 퇴계학파의 교육철학적 의미를 예학적인 의리, 위기지학의 학풍, 순후한 향풍과 전아한 문범의 진작이라는 측면에서 탐구하는 문제 등이다.

제9장 퇴계학파의 교육사상

1. 진리와 인간의 숭고한 만남

질의문난質疑問難의 사제師弟 관계

교육은 본질적으로 문화의 전달이거나 문화와의 만남이다. 그렇기 때문에 교육현상은 문화현상이며, 교육과정은 문화의 사회화 과정이다. 이런 의미로 교육을 규정할 때, 한국의 전통교육은 한국의 전통문화를 전달하는 것이며, 또한 전통사상과의 만남이다. 그러므로 한국의 전통교육은 전통적 상황과 역사적 맥락에서 선인들이 가졌던 삶의 양식이나 문화적 흔적을 의미하며, 또한 전통문화의 전수방식을 함의하기도 한다. 우리가 전통교육을 연구하려는 이유는 바로 선인들의 정신적 가치와 삶의 양식을 탐구하고, 그것을 통해 교육적 예지叡智를 발견하기 위해서이다.

그러나 우리는 전통사상이나 전통교육에 대한 치밀한 탐구나 치열한 천착穿鑿을 제대로 하고 있는가? 더욱이 경제논리와 정보화논리에 따라 현대사회에서는 전통문화를 등한시하거나 외면하지는 않았는지 질문해 보아야 한다.

한편, 조선조 사회에서는 유학적 질서를 지배이념으로 설정하였고, 그 이념을 적극적으로 실천하려고 했었다. 그래서 유학은 교육의 핵심이었고, 수기치인修己治人은 유학교육의 목표였다. 또한 유학교육을 통하여 다양한 학파가 형성되기도 했다.

모든 문화가 시대적 소산물이었듯이 한 학자의 사상이나 학문 경향도 그가 처한 시대적 환경 속에서 형성된 것이다. 퇴계와 퇴계학파에 대한 올바른 이해도 그 당시의 시대적 환경과 정치적 현실을 떠나서는 불가능하며, 또한 개변改變되고 변질된 후대의 자료나 관념에 사로잡혀 비판 없이 당시를 보려할 때는 자신도 모르게 오류를 범할 수가 있다.

퇴계학파는 조선사회의 핵심세력으로서 유학적 이념을 적극적으로 실천하였으며, 재야학자들로서 사림정신의 연원이 되기도 했다. 또한 퇴계와 그의 제자들은 서로 진리와 인간 속에 만남으로써 민족사에 하나의 거대한 정신 산맥을 형성했다. 따라서 퇴계학파의 학문적 사유구조는 민족문화의 산실이며 전통철학과 정신문화의 요람이라고 할 수 있고, 이를 정확하게 이해하는 것은 바로 '민족문화의 세계화', 혹은 '전통교육의 세계화'와 직결된다고 볼 수 있다. 즉 문화의 세기인 21세기에는 퇴계학파의 전통철학과 전통교육사상이 바로 우리 민족의 국가경쟁력이다.

그러나 퇴계학파의 정치 사회적 혹은 교육 문화적 역할에도 불구하고, 퇴계학파에 대한 연구는 주로 생애와 학문, 정치사상과 철학사상, 심성론과 문학세계를 다루었다. 이런 연구경향 때문에 퇴계학파의 교육사상에 대한 연구는 등한시되었고, 여전히 미개척지로 남아 있다. 때문에 퇴계학파의 다양한 인물들에 대하여 교육학적인 입장에서 고찰할 필요가 있다.

2. 월천과 학봉의 생애와 학문

월천의 생애와 학문

장강長江의 대하大河와 같은 문장

월천 조목月川 趙穆: 1524~1606은 경상도 안동부 예안현 월천리에서 참판參判 조대춘趙大椿의 아들로 태어났다. 본관은 횡성이며, 자는 사경士敬이고, 호는 월천月川이다. 월천의 세계도世系圖를 요약하면 다음과 같다

월천의 세계도

익 → 승린 → 윤익 → 주조 → 지백 → 윤손 → 경
(1세) (2세) (3세) (4세) (11세) (17세, 증조) (18세, 조)

→ 대춘 → 목 ┬ 수붕(진사)
(19세, 부) └ 석붕(문과)

월천은 5세에 이미 "글을 읽기 시작하여 아버지의 품속에서 『대학』을 구수口受하였고, 글을 읽을 때에는 반드시 백편을 채운 뒤에 그쳤다."[77]고 했다.

월천은 12세에 모든 경서를 읽었고, 15세에 퇴계선생의 문하에서 수업을 받았다. 퇴계는 문인 이문량李文樑: 1498~1581에게 "조모가 아름다운 아들을 두었다."[78]고 하여 크게 칭찬했다. 그때 퇴계는

월천보다 23살이나 많았고, 월천은 스승 퇴계를 만나면서부터 인생의 중요한 전환점을 맞았다.

특히 월천은 문장에 능하여 21세 때에 풍기 군수로 있던 당대 거유 주세붕周世鵬: 1495~1554을 만났고, 주세붕이 그를 평하기를 "자네의 글은 장강長江의 대하大河와 같다."고 했을 정도다. 그 후 얼마 지나서 주세붕이 세상을 떠나자 백운동서원에서 월천은 지내게 되었다.

26세에 참봉 권개세權概世의 따님을 아내고 맞이하고, 여름에는 퇴계를 풍기에 가서 뵙고 백운동서원에 머물렀다. 그때 영천 도회시都會試가 다가왔으나, 유독 월천이 응시하지 않기에 퇴계는 "어찌 응시하지 않느냐?"고 물었을 때, 월천은 "애당초 글을 읽으려 함이요, 작문을 하려는 것이 아니옵니다."[79]라고 대답했다. 도회시는 조선시대에 지방유생의 학업장려를 위하여 실시했던 시험이다. 위의 대답에서 월천은 과거에 뜻을 두지 않고 수양과 학문을 위해 독서했음을 엿볼 수 있다.

그러나 28세 때의 가을에 지방에서 실시된 생원시에서 합격하였고, 다음해 봄에는 생원회시生員會試에 합격했다. 겨울에는 권대기權大器·김팔원金八元: 1524~1589·구봉령具鳳齡: 1562~1586·금란수琴蘭秀: 1530~1604 등과 더불어 현묘사玄妙寺에서 독서모임을 만들어 사계절에 따라 산사 또는 촌집에 모여 잡서를 제외한 경서를 휴대하여 통독했다.

40세 때의 봄에 월천이 식량의 떨어지는 어려운 처지에 이르렀을 때, 퇴계는 쌀을 여러 차례 보내었고, 또 시를 보내어 격려하기도 했었다. 그 해 가을에는 도산에 머물러 경학을 강론하였고, 다음해 가을에는 퇴계를 모시고 자하봉紫霞峯에 올랐을 때, 스승과 제자는 시를 읊으며 함께 찾아 나가는 진리의 세계를 확인

했다. 그래서 퇴계는 '밝음과 성실'을 지향하는 시를 읊었다.

계상 서당에 달 밝으니 월천서당에도 달이 밝고, 溪堂月白川堂白
오늘밤 바람 맑고 어제 밤도 맑았네. 今夜風淸昨夜淸
바람 맑고 달빛 개인 곳 이 밖에 또 있으리니, 別有一般光霽處
우리들은 어찌하면 명과 성을 체험하리오. 吾儕安得驗明誠

이 시에 화답하여 월천은 푸른 산과 맑은 물을 함께 노래하면서, 그 자연의 근원을 거슬러 올라가 진리의 세계를 찾아가는 정대함을 시로 표현했다.

부용봉 푸르름은 도산봉 푸르름에 접하였고, 芙蓉翠接陶峯翠
풍월담 맑음은 퇴계수 맑음에 이어졌네. 風月淸連退水淸
근원 찾아 나아가는 자리 참으로 좋으니, 正好探源進步地
당당하게 한 마음 되어 명과 성을 의논하리다. 愧無心契議明誠

공천公薦으로 관료 시작

그가 43세 때에 선조는 전국에서 벼슬길에 오르지 않은 학덕 높은 사람을 추천하도록 명령했다. 이때에 5명이 천거되었는데 월천 조목이 으뜸이었다. 48세 때에 퇴계가 서거하자 장사 지낼 때에 「제문祭文」과 「발인문發靷文」을 지어 스승 퇴계에 대한 추념의 정을 다했다. 특히 아래의 발인문은 스승의 가르침을 더 이상 받지 못하고 갑자기 스승을 저승으로 보내는 제자의 애틋한 마음을 그대로 보여주고 있다.

밝은 해는 빛을 잃고, 瑞日淪光
상서로운 구름도 색채가 사라지네. 祥雲沈彩
백년을 의뢰하고자 했으나, 百年依賴
하루 아침에 사양하시니, 一朝長辭
붙잡고 울부짖어도 따라 가지 못하네. 攀號莫追
이 내 마음 꺾어지고 베어내는 듯하네. 我心摧割
맙소사 맙소사, 已矣已矣
하늘이여 하늘이여. 天乎天乎

또한 다음과 같은 만사輓詞를 지어 스승의 죽음을 애도했다.

동쪽 땅에 유학의 문을 누가 앞서 열었던가. 東土斯文孰啓前
그 연원과 이어 받은 인연을 볼 수 없네. 淵源統緖見無緣
정밀하게 분석하며 빛과 산악 같은 참선비가 나타나서, 精分光岳眞儒出
염락관민의 학문을 잇고 그 정맥을 전수하네. 學接濂閩正脈傳
밝고 맑은 마음씨는 추월처럼 비취이고, 瑩徹氷壺暎秋月
높고 밝은 식견은 햇님처럼 중천에 떴네. 高明白日在中天
산이 무너지고 기둥이 무너지듯 마침내 애통이루니, 山頹樑壞終成痛
다시 이런 분이 태어나기까지 몇 년이나 걸릴는지. 復此胚胎問幾年

위에서 언급하는 염락관민濂洛關閩은 송대宋代 성리학의 중요 학파를 지역으로 구분한 말이며, 염계濂溪의 주돈이周敦頤, 낙양洛陽의 정호程顥와 정이程頤, 관중關中의 장재張載, 민중閩中의 주희朱熹를 가리킨다.

56세에 아들 수명壽朋이 출생하였고, 월천서당에서 강학했다. 그 후 58세에 역동서원易東書院에서 강학하였고, 64세에 여강서원廬江書院에서 『퇴계선생문집』을 동문들과 교정했다. 77세에 『퇴계선생문집』을 간행하였고, 도산서원에서 문집의 완성을 알렸다. 83세에 서거했다.

퇴계와 월천이 처음 사제의 관계를 맺고 인연을 이은 기간은 30여년에 이른다. 이때에 퇴계의 나이가 38세였고, 월천은 15세밖에 안 되는 나이였다. 하지만 앞의 생애 부분에서도 언급했듯이 이미 5세 때 부친의 품안에서 『대학』을 따라 읽었고, 12세 때 '사서삼경'을 다 읽은 월천이었기에 퇴계에게 급문及門 수업을 할 때에는 이미 상당한 기초교육을 받은 후였다. 여기서 퇴계와 월천의 사제 관계가 얼마나 오래 되었는지를 짐작할 수 있다.

퇴계가 어머니의 탈상脫喪을 마치고, 1540년 정월에 사간원 정언을 제수 받아 조정으로 돌아갈 때까지 만 2년 동안 월천은 퇴계를 모시고 직접 가르침을 받는 친자親炙의 행복함을 가졌다. 이때의 언행은 오직 스승의 모범을 따라 배웠다.

월천은 성품이 매우 강직하고 근엄하여 예로써 몸을 다스렸고, 살던 정사를 「월천서당月川書堂」이라 불렀으며, 퇴계가 써 준 이 네 글자로 편액扁額을 만들어 달았고, 또한 협실(夾室, 안방에 딸린 곁방)을 「시재是齋」라 명명命名함으로써 매일 마음을 바로잡는다는 의미를 가슴 깊이 새기었다. 그리고 퇴계가 조정으로 돌아간 뒤 월천은 주로 암자나 절간, 서당이나 서원을 찾아다니면서 특정한 스승 없이 주로 혼자서 독서에 정진했다. 그가 이렇게 독서하던 곳은 청량산, 석대암, 안동에 있던 글방, 현묘사玄妙寺, 백운동서원 등이었다.

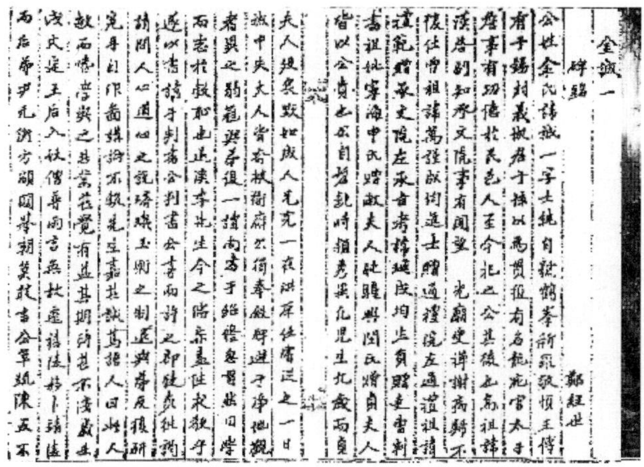

● — **학봉 김성일의 비명(碑銘)**: 국조인물고(國朝人物考)에 기록된 김성일의 약력(略歷)이다. 국조인물고는 정조 시기에 편찬된 주요 인물에 관한 사항을 편집한 책으로 조선의 건국 시기부터 숙종 시기까지 2,000여명의 인물을 기록했다.

학봉의 생애와 학문

사직社稷의 안위安危를 우선한 학봉

학봉 김성일鶴峰 金誠一: 1538~1593이 활동한 16세기 말은 대내적으로는 조선 왕조의 봉건지배체제가 해이해지면서 사회 각 방면에서 모순이 활발히 노정되고 있었으며, 대외적으로는 동아시아 국제관계의 잠재된 모순이 임진왜란의 발발로 표출되면서 일대 동요를 가져오는 시기이기도 하다.

한편, 정치적으로는 훈구파와의 오랜 대립을 통해서 수세에 몰리기만 했던 사림파가 선조의 집권을 계기로 그들의 정치적 기반을 공고히 했다. 그리하여 훈구파와의 대립에서 빚어진 수차례의 사화를 피해 향리에 물러나 있으면서 성리학의 이론적 탐구와 내면적 수양에 힘쓰던 사림파의 문인들이 중앙정계에 대거 진출되었다. 퇴계의 문하에서 성리학적 수양을 닦은 학봉 역시 선조 원년1568에 관직에 나서 일생동안 현실정치에 참여하게 된다.

학봉은 경상도 안동군 임하면 천전리川前里에서 성균생원 김진金璡의 5형제 중 넷째 아들로 태어났다. 본관은 의성이며, 자는 사순士純, 호는 학봉이다. 학봉의 세계도를 요약하면 다음과 같다.

학봉의 세계도

석 → 일 → 홍술 → 공우 → 한계 → 만근
(1세) (2세) (3세) (4세) (12세, 고조) (13세, 증조)

→ 예범 → 진
(14세, 조부) (15세, 부)
- 극일(약봉)
- 수일(귀봉)
- 명일(운암)
- 성일(학봉) → 집
- 복일(남악)
- 장녀(문화유씨)
- 차녀(진성이씨)
- 삼녀(문화유씨)

연보에 의하면 7, 8세 때부터 총명하고 지혜가 있었으며, 친구들과 놀다가도 뜻이 맞지 않으면 조금도 굽히는 일이 없어 "남의 눈치를 보면서 세상을 살아가지는 않을 것이다."라고 했다. 이러한 학봉의 행동은 10세 때의 일화에서도 엿볼 수 있다. 즉 학봉은 부친이 세운 서당에서 글을 배우기 시작했다. 어쩌다가 벌 받을 일이 생기면 일부러 굵은 회초리만 구해다가 맞았다. 학봉은 그 이유를 "매가 아프지 않으면 징벌이 될 수 없기 때문이다."라고 했다. 학봉의 강직하고 단호한 인품은 어린 시절부터 형성되었다.

17세 때 홍원군수로 부임하는 백형[김극일(金克一)]을 따라 갔다. 하루는 마침 관아에 큰불이 일어나자 사람들이 모두 달려가 아문衙門의 불을 끄고 있었는데 선생만은 홀로 책 상자와 전패(殿牌 ; 국왕의 상징으로 객사에 봉안해 둔 목패)를 제일 먼저 구해내 선비다운 면모를 보이기도 했다.

학봉은 18세 때에 부장 권덕황部將 權德凰의 따님인 안동 권씨에게 장가들었고, 순흥의 소수서원에서 글을 읽기 시작했다. 그러나 어느 날 탄식하여 말하기를 "선비가 이 세상에 나서 다만 과거 공부만 하고[위인지학(爲人之學)], 자신을 위하는 학문[위기지학(爲己之學)]을 할 줄 모른다면 매우 부끄러운 일이다. 퇴계선생은 지금의 유종이니 어찌 가서 가르침을 청하지 않겠는가?"라고 하면서 도산서원에 찾아가 퇴계의 제자가 되었다. 이 때가 학봉은 19세의 혈기 왕성한 청년이요, 퇴계는 56세로 당대 유학의 거장이었다.

사승師承 관계였던 두 사람은 서로를 극찬했다. 퇴계는 학봉의 진지한 학문자세와 성실한 태도를 칭찬했다. 즉 퇴계는 "김사순은 행실이 높고 학문은 밝으니, 나는 그에 비길만한 사람을 보지 못했다."고 칭찬했다. 또한 퇴계는 학봉을 학문의 도반道伴으로 여겼다.

> 김사순이 도산에 왔는데 극심한 더위를 무릅쓰고 산을 넘어 왕래하면서 의심나는 것을 질문했다. 이 사람은 민첩하면서 배우기를 좋아하니 함께 학업을 하는데 매우 유익함을 얻었다(『학봉집』 부록 권1 「연보」).

학봉은 퇴계선생에게 직접 가르침을 받은 친자親炙의 제자이며, 월천 조목1524~1606과 더불어 가장 오랫동안 스승의 학문을 창도唱導하고 계승했다. 그리고 학봉은 스승을 존숭하는 극진한 마음으로 퇴계선생의 자질과 품성을 다음과 같이 표현했다.

> 평이하고 명백함은 선생의 학문이고, 정대하고 광명함은 선생의 도이며, 바람처럼 훈훈하고 구름처럼 싱그러움은 선생의 덕이고, 무명이나 명주처럼[포금(布帛)] 질박하고 콩이나 조처럼[숙속(菽粟)] 담담한 것은 선생의 문장이다. 마음씨는 맑고 탁 트이어 가을 달과 얼음 항아리와 같았고, 기상은 따뜻하고 순수하여 정교하게 다듬은 금과 아름다운 보석과 같았다. 정중하기는 산악 같았고, 깊고 고요하기는 깊은 연못[연천(淵泉)]과 같았으니, 바라보면 덕성을 이룬 군자임을 알 수 있었다(『학봉집』 부록 권1 「연보」).

학봉은 퇴계 문하에서 21세 때에 『서전書傳』을 수강하면서 인심도심설과 천체관측기구의 제도를 질문하였고, 『심경』과 『대학』의 의문점을 질문했다. 이때에 『역학계몽易學啓蒙』을 수강하였는데, 퇴계는 손자 이안도李安道:1541~1584에게 함께 강학하도록 지시하면서,

> 김성일과 우경선 두 친구의 의지와 취향이 매우 좋아 능히 이 일을 오로지 하고 있으니, 뜻을 세우는 정성이 이처럼 절실하다면 무엇을 구하여 얻지 못할 것이며, 무엇을 이루지 못하겠는가(『학봉집』 부록 권1 「연보」).

라고 하여 학문에 대한 학봉의 열정을 손자가 배우도록 했다.

학봉이 26세 때 가을에 향시鄕試의 진사과進士科에 합격하였으며, 그 이듬해 7월에 진사시 회시會試에서 2등으로 합격했다. 이때에 셋째 형 운암공 김명일과 아우 남악공 김복일과 더불어 삼형제가 한꺼번에 합격하였으니, 이는 한 시대의 영광이었다. 그러나 학봉은 과거 공부에 회의를 느껴 그만두고, 퇴계선생께 질문했다. 퇴계선생은 "부형이 계신데 어찌 자신의 뜻대로만 해서야 되겠는가. 다만 내외와 경중輕重의 구분을 명확하게 하지 않을 수 없네."라고 하면서 부지런히 학문하는 것을 재촉했다.

학봉이 29세1566 때에 퇴계는 그에게 요순 이래 성현이 전한 심법心法을 적은 「병명屛銘」 80자를 지어 주었다. 이 병명은 성현들이 전수한 심법의 정맥正脈을 밝힌 것이었다. 특히 도통道統을 확인하는 「병명」을 학봉이 받았다는 것은 큰 의미를 가진다.

학봉은 나이 31세1568 때에 증광시 향시에 합격하여 가을에 승문원 권지 부정자承文院權知副正字로 보임補任되었다. 이듬해 학봉이 32세1569 때에 승문원 정자로 승진하였고, 3월에 귀향하는 퇴계선생을 전송하기 위해 퇴계와 함께 동호東湖의 몽뢰정夢賴亭에서 지냈다. 퇴계는 1568년 7월에 소명召命을 받아 서울로 왔으나 고향으로 돌아가기를 간청하여 허락을 받았다.

동양화의 화폭을 연상하는 선비들의 해후邂逅

인간사는 만나면 헤어지기 마련이요[회자정리(會者定離)], 헤어지면 만나기 마련이다[거자필반(去者必反)]. 전통사회에서 선비들의 작별은 아름다운 동양화의 화폭을 연상케 한다. 퇴계의 귀향을 안타까워하는 조정의 명사들이 시를 지어 작별했다. 기대승奇大升: 1527~1572은 이별의 정리情理를 아쉬워하면서 떠나가는 스승에게 다음과 같은 시를 지어 헌사獻辭했다.

> 한가람 넘실넘실 만고에 흘러, 江漢滔滔萬古流
> 스승님 이제 떠나심을 머물게 하는 듯, 先生此去若爲留
> 모래가 뱃머리 돌아 멈추는 곳에, 沙邊拽纜遲徊處
> 이별하는 마음 끝없는 시름 다할 길 없네. 不盡離腸萬斛愁

또한 학봉은 기대승이 지은 시에 차운次韻하여 귀향길 떠나는 퇴계선생에게 바쳤다.

> 신선이 탄 일엽편주 강 거슬러 흘러가는데, 仙舟一葉遡江流
> 바람은 돌아가는 돛배 쉬지 않고 보내니. 風送歸帆不暫留
> 나아가고 물러남은 본디부터 정한 것인데, 進退行違元筭定
> 가는 길에 부질없이 시름일랑 짓지 마소. 臨趾莫用枉生愁

> 말세라 벼슬길서 물러나는 사람 없어, 末路無人退急流
> 명리의 굴레에 매인 사람 몇몇인가. 名韁晩得幾人留
> 여유로이 떠나심에 남은 미련 없으나, 此行綽綽無餘憾
> 한 생각은 도리어 서울 떠나가는 시름일세. 一念猶關去國愁

그리고 당대 학문의 태산교악泰山喬嶽으로 추앙받던 퇴계는 후학에게 받은 이별의 시를 읽고 진정으로 감사하면서 안타까운 마음의 일단을 보여주었다. 위대한 시인이었던 퇴계는 시를 지어 화답했다.

> 큰 배에 벌여 앉은 분네 모두 뛰어난 분일세. 列坐方舟盡勝流
> 돌아가고픈 마음 온종일 끌리어 머뭇거렸네. 歸心終日爲牽留
> 원컨대 한강물 가져다 벼루에 부어서, 願將漢水添行硯
> 헤어질 때의 이 끝없는 시름을 그려내고저. 寫出臨分無限愁

퇴계가 물러가는 날 주상께서 조정의 인재에 대하여 물었다. 이때에 퇴계는 이준경李浚慶: 1499~1572, 기대승奇大升: 1527~1572, 김성일을 천거했다. 학봉은 가을에 휴가를 얻어 청량산에서 지내는 퇴계를 찾아뵙고, 10월에 조정으로 돌아왔다.

퇴계는 후학의 학문적 성장을 지켜보지 못한 채 학봉이 33세 되던 겨울에 서거했다. 그러나 학봉은 조정의 일 때문에 퇴계의 장례에도 참석하지 못하였고, 같은 문하에 있었던 선비들과 서울 집에 모여서 곡하며 상례喪禮를 엄숙하게 거행했다. 학봉은 34세 때 2월에 퇴계선생에 대한 만사輓詞를 지었다. 만사로서 퇴계의 장례식에 참석하지 못한 아쉬움을 토로했다.

학봉은 38세 때1575년 7월에 퇴계선생이 없는 도산에 이르렀다. 이 해 여름에 도산서원이 낙성되고 사액되자 학봉은 서원에서 하룻밤 자면서 달빛 속에서 오죽梧竹의 뜰을 거닐다가 스승에 대한 그리움을 다음의 시로 달래었다.

그윽하고 곧은 문은 저문 날 구름 속에 가려져 있고,

幽貞門掩暮雲邊

뜰에는 아무도 없고 달빛만 하늘에 가득하네. 庭畔無人月滿天

천 길 높이 날던 봉황은 어디로 갔는가, 千仞鳳凰何處去

벽오동과 푸른 대나무만 해마다 절로 자라네. 碧梧青竹自年年

학봉이 39세 때에 조정에서 퇴계에게 문순공文純公의 시호를 내렸다. 문순공의 시호는 도덕박문道德博文에서 문과 중정정순中正精純에서 순으로 이루어졌다. 학봉은 왕명에 따라 예물을 받들고 도산서원으로 가져가는 도중에 단양을 지날 때 스승 퇴계를 간절하게 사모하여 시를 한 수 지었다. "시호를 받들고 남쪽으로 가는구나[봉시남행로(奉諡南行路)], 그 누가 오늘 밤의 이내 심정 알겠는가[(수지차야정(誰知此夜情)]"라고 하여 스승 퇴계에 대한 학봉의 간절한 추모는 끝이 없었다.

학봉은 '은혜로운 정신적 만남'이라 일컬어지는 퇴계선생을 만남으로써 학문에 대한 각성을 시작했다. 전통사회에서 스승과 제자는 질의문난質疑問難의 동학同學이며, 함께 학문하는 도반道伴이었다. 학봉은 조금이라도 의문이 있으면 퇴계선생께 질문하였고, 퇴계선생은 질문에 대하여 친절하게 대답했다.

학봉은 『퇴계선생언행록』을 기록하고, 『퇴계선생사전』을 찬술하여 퇴계의 학문과 언행을 생생하게 전해 주었다. 48세에 다시 대표적인 저술인 『성학십도』, 『계산잡영』을 발간했다. 또한 49세 때1586년에 발생한 나주 사직단의 화재에 책임을 지고 관직에서 물러나 『퇴계선생자성록』과 『주자서절요』을 간행함으로써 제자들 가운데서도 퇴계의 저술을 정리하는 사업에 가장 많은 노력을 기울이기도 했다.

● — **도산서원의 현판**: 현판의 글씨는 조선시대의 최고 서예가인 한석봉으로 알려진 한호의 친필이다. 한호(韓濩; 1543~1605)는 조선의 문신·서예가이다. 명나라의 명필가 주지향(朱之香)은 한호를 가리켜 "왕희지(王羲之) 및 안진경(顔眞卿)과 우열을 가리기가 매우 어렵다"라고 비유할 정도로 글 솜씨가 뛰어났다고 전해진다.

50세 때에 아우 남악[김복일(金復一)]과 더불어 청송 안덕현에 가서 외선영에 성묘하고 주왕산을 구경했다. 석문정사石門精舍를 신축하였으며, 아울러 50세 때에 『퇴계선생문집』을 편차하였고, 51세 때에 병산서원屛山書院에서 퇴계선생의 문집을 교정했다. 그러나 1593년 경상우도 순찰사를 겸하여 각 고을에서 왜전倭戰을 독려하다가 병으로 56세의 생애를 마감했다. 1649년인조 27년에 문집으로 『학봉집』이 만들어졌다. 이조판서에 추증되었으며, 시호는 문충文忠이다.

퇴계는 학봉에게 14년의 짧은 가르침과 만남을 선사했다. 하지만 학봉은 22년의 긴 여정 동안 스승을 추모하였고, 퇴계선생의 학문을 후세에 선창宣暢했다. 오늘날 우리들에게 전수된 퇴계학은 학봉과 월천으로부터 시작되었다고 해도 과언이 아니다.

3. 월천과 학봉의 교육사상

수기치인修己治人의 학문

전통사회의 교육목적은 성리학적 질서를 통한 참다운 성현의 모습을 실천하고, 국가에서 필요한 관리를 양성하는 것이었다. 그러다보니 유학자들은 성리학적 질서를 체현하고, 가치적인 도야를 중요시했다.

마찬가지로, 월천이 관심을 가졌던 교육은 치인지학治人之學이 아니라 수기지학修己之學이었다. 그리하여 월천은 항상 학자들에게 말하기를 『소학』은 여러 경서들 중 가장 중요한 경전이며, 이 책을 통달하면 성인聖人이 될 수 있는 토대가 확립된다고 했다. 그리고 또한 월천은 반드시 촛불을 밝히고 향을 피우면서 『근사록近思錄』이나 『성리대전性理大全』과 같은 책을 주로 읽었다. 이 때문에 퇴계는 일찍이 월천만큼 독실한 사람이 없다고 평가하기도 했다.

월천이 30대에서 40대에 이르기까지는 면학권장勉學勸奬, 강학논변講學論辯, 인격훈도人格薰陶를 통한 퇴계와의 관계를 형성한다. 『도산전서陶山全書』에는 퇴계가 월천에게 보낸 편지 129통이 수록되어 있다. 퇴계가 월천에게 최초로 편지를 보낸 것은 경술년庚戌年; 1550년, 즉 월천이 27歲 때였으며 최후로 편지를 보낸 것은 경오년庚午年; 1570, 즉 퇴계가 돌아가신 해이고 월천이 47세 때였다. 월천이 젊었을 때 보낸 편지 중에는 면학을 권장하는 것이 많았고, 30대로 이르면서는 강학논변과 인격훈도를 내용으로 하는 것이 많아진다. 이러한 사실은 인간의 발달성숙도에 따라 교육의 목적이 변화되었음을 알 수 있다.

퇴계는 월천에게 여러 가지 방법으로 면학을 권장하는데, 먼저 나이 젊고 정력이 왕성할 때 부지런히 공부하고 입지를 굳게 하도록 권장한다. 이 점은 퇴계가 월천에게 경술년庚戌年에 보낸 첫 편지와 그 다음 편지의 내용을 통해 확인된다. 이 때 퇴계는 여러 날 병이 나서 기운을 잃고 책을 읽을 수가 없었다. 이 사실을 알고 월천은 퇴계에게 문병하고 생선과 산나물을 선물했다. 퇴계는 이를 감사하고 "자신은 늙어서 바야흐로 옛사람들의 마음을 엿보게 되었으나 심력이 다 함께 피폐하여 한 치의 노력도 바랄 수 없으니, 나이 젊고 기력이 왕성한 사람이 공부하는 데에 힘써야 된다는 사실을 더욱 알겠다."고 했다. 그래서 만약 그대가월천 나처럼 늙어서 따라가지 못하는 사람을 경계한다면 날로 진보할 것이라고 했다.

또 선비가 뜻이 독실하지 못한 것을 근심하는 것은 스스로 뜻을 세운 것이 굳세고 확실하지 못하기 때문이다. "만약 세심하게 방법을 선택하고 뜻을 굳게 심는다면 온 세상이 비웃더라도 오히려 근심할 것이 없는데, 하물며 약간의 사람들이 비웃는다고 무슨 근심할 바 있겠는가?라고 퇴계는 말하면서 사람들의 비웃음을 생각하고 더욱 노력하는 것은 좋으나 사람들의 헐뜯음을 근심하여 스스로 중지하면 선비가 될 수 없다."고 경고했다.

퇴계는 월천에게 학문을 게을리 하지 말 것을 당부했다. 그러나 월천은 "자신의 기질이 변변치 못하며 또 오랫동안 수양의 공부 없이 나이 30세가 넘도록 덕을 개선하지 못하고 여전히 재주만 익히니 군자가 되지 못하고 소인이 될 것은 명백하다."고 했다. 그런 월천에게 퇴계는 편지를 통해 월천에게 학문의 중요성을 다시 한 번 인식시켜 주었다. 이에 월천은 퇴계의 이러한 위로와 격려보다는 오히려 솔직한 충고와 질책을 더 바라면서 그것을 요청하는 편지를 보낸다. 이런 서신를 교환하면서 퇴계와 월천은 서로를 위로하고 걱정하는 마음을 자연스럽게 잘 표현했다.

퇴계는 월천에게 자신이 발췌한 주자의 서간을 금란수琴蘭秀: 1530~1604와 함께 정사正寫하도록 하고 종이, 붓, 먹을 제공하는데 이것은 발췌된 서간이 모두 사람을 감화하는 내용을 지니고 있었다. 이를 통해 사우師友 간에 서로 꾸짖고 기약하기를 엄중히 함을 볼 수 있고, 또한 친구들 간의 의리가 어떤 것인가를 알게 할 수 있을 것으로 기대했기 때문이다. 즉 이것은 퇴계와 월천의 관계가 사제 간을 떠나 친구간의 의리까지 연장됨을 짐작하게 한다.

또한 퇴계는 월천에게 『심경心經』을 열심히 공부하도록 권장하는데 월천이 비록 학문에 뜻을 두고 있으나 실지로는 자세하고 긴밀한 공부를 결여하고 있다며, "이제 「심경」을 본다니 아주 좋습니다."란 말로 표현한다. 퇴계는 『사서』와 『삼경』의 「석의」를 저술할 때에도 월천의 논평과 개정을 많이 수용했음을 우리는 다음과 같은 편지의 내용을 통해 확인할 수 있다.

> 「제경석의諸經釋義」는 나의 견해가 잘못되고 치우쳐서 사람들에게 보이고 싶지 않으나 그대에게는 논평, 반박, 개정의 도움을 얻고자 하기 때문에 「주역석의」를 먼저 보냅니다. 다만 이 「석의」를 전할 때 주인이 『주역』 원본을 도로 찾기 때문에 날짜를 정해두고 베껴 쓰느라고 나의 의견을 자세하게 참조할 겨를이 없어 몹시 조잡합니다. 그러나 간혹 마음대로 버리고 취한 것이 있으니 부디 세밀하게 교정하고 상량하여 적어 보여주면 좋겠습니다(『월천집』 권3, 「답퇴계선생」).

40세에 들어와서 월천은 주로 『심경』에 관해서 퇴계와 문답하고 논변한다. 『심경』은 『사서』 및 『근사록』과 함께 조선 중기 이후의 성리학자들, 특히 퇴계와 그 문인들에게 있어서 수학受學의 기본교재로 사용되었다. 월천과 퇴계의 『심경』에 관한 문답논변의 내용은 오자, 절서絶書, 의의擬議의 고교考校에 관한 것, 의미가 불분명한 도설이나 경문의 이해에 부적절한 부주附注와 연문衍文을 모두 삭제하는 문제에 관한 것, 도설의 개작에 대한 것, 『심경부주』의 체제에 관한 것이었다.

문답강론의 인격훈도

월천은 학문적인 문답강론을 통해서 뿐만 아니라 잦은 일상적 접촉을 통하여 퇴계로부터 많은 인격훈도를 받았다. 연보에 의하면 월천은 30대 후반부터 40대 후반까지 10여 년간 퇴계와 가장 많은 만남을 가진 제자이기도 하다.

월천은 자제 교육에 대하여 다음과 같이 논하고 있다.

> 월천은 자제의 교육에 "먼저 『소학』, 『대학』을 가르친 다음 『논어』, 『맹자』 및 『심경』을 가르쳤다." 그러면서 그는 "옛사람들의 공부에는 순서가 있어 건너뛰어서는 안 된다."고 했다. 이는 곧 그의 학문 태도를 말한다고 할 수 있다(『월천집』 부록, 「연보」).

한편, 학봉은 퇴계에게 글을 올려 출세[입신(立身)]하는 일과 처신[행기(行己)]하는 방법에 대하여 물었다. 퇴계선생이 답한 편지에 이르기를,

입신에 대한 비유는 생각이 여기에까지 이르렀으니 명예를 떨어뜨리는 데 이르지 않을 것인바, 매우 다행한 일이네. 송나라 연평延平 이동李侗이 일컬은 시 '저궁매화渚宮梅花'가 음미할 만하니, 비록 관직에 있는 사람이 형편상 다 이와 같이 할 수는 없다하더라도, 대개 이런 뜻이 없어서는 안 될 것이네(『월천집』 부록 3권, 「언행록」).

또한 퇴계는 학봉에게 배움의 길에 대해서 다음과 같이 말했다.

나는 젊어서부터 학문에 뜻을 두었지만, 깨우쳐줄 만한 스승이나 벗이 없어서 공부 길에 들어온 지 10년이 되도록 학문에 들어갈 길을 몰라 헛되이 생각만 하고 갈팡질팡했다. 때로는 눕지도 않고 고요히 앉아서 밤을 지새운 적도 있었으나 마침내 마음의 근심을 얻어 여러 해 동안 학문을 중단하지 않으면 안 되었다. 만약 내가 참된 스승이나 벗을 만나 가르침을 받았더라면 어찌 구태여 심력을 헛되이 써서 지금에 이르기까지 얻은 바가 없겠는가?(『월천집』 부록 3권, 「언행록」).

학봉은 이 말을 겸사라고 하였지만 퇴계는 학봉에게 배움의 길이 결코 쉽지 않다는 것을 은연중에 가르치고 있다. 학봉의 교육은 철두철미하였으며, 학업 중에는 오직 책 속의 의리를 깊이 연구하고 심오한 의미를 구명하려고 했다.

선생은 책으로 사람들을 가르침에 있어서는 의리를 깊이 연구하여 심오한 뜻을 열어 보였으며, 일찍이 한 글자

> 도 쉽사리 지나치지 않았다. 식사를 올리면 학업을 배우는 제생들이 그만 하기를 청하는데도 오히려 허락하지 않으면서 한낮이 되어서야 강의을 파하기도 했다. 다른 사람을 가르치기를 게을리 하지 않음이 대부분 이와 같았다((『월천집』 부록 3권, 「언행록」).

학봉은 세자교육에 대해서도 언급하고 있는데, 세자교육에는 반드시 엄한 스승의 존재와 습관이 형성되기 전에 일찍 교육해야 한다고 주장했다.

> 옆에는 엄한 스승의 훈계와 존경하는 벗의 충고가 없는 탓에 더불어 상종하는 자는 환관이나 궁첩 아니면 가마꾼이나 종들뿐이며, 날마다 하는 일이라고는 닭싸움이나 개 달리기 경주 아니면 술이나 마시고 노래나 즐기는 것입니다.
>
> 혈기가 이미 왕성해지고 마음과 뜻이 이미 떠난 뒤에야 바야흐로 가르치면서 이끌어 주는 경우에는 완강이 거부하여 주입하기가 어렵습니다. 그러니 하루 쬐이는 햇볕이 열흘 추운 데 무슨 도움이 있겠으며, 한 명의 제齊 나라 사람이 여러 명의 초楚 나라 사람이 떠들어 대는 데 무슨 이익이 있겠습니까. 아아, 천금千金을 가진 부잣집에서도 오히려 아이 가르치기를 급하게 여기는 법입니다. 종묘사직을 맡길 세자가 얼마나 중요한데 미리 가르치지 않는단 말입니까. 전하께서 만약 침소에 드실 때 이 일에 대해 생각이 미치면 어찌 놀라워서 가슴이 뜨끔하지 않겠습니까(『학봉집』 부록 3권, 「차자」).

학봉은 예절교육을 중요시했다. 퇴계선생께 올린 문목을 보면, 학봉은 자제들이 글공부를 중요시하면서 가묘의 제사에 참석하지 않으니 마음이 불편하다면서 다음과 같이 질문하고 있다.

[문] 부형들이 자제들의 글공부를 중요시하여 가묘에 제사 지낼 때 산방山房에 있거나 혹은 근처에 있을 경우 제사에 참여하지 못하도록 하니, 마음에 몹시 온편치 못합니다.

[답] 글공부를 중요시하여 제사에 참여하지 않게 하는 것은 "효제를 행하고 남은 힘으로 학문을 한다."는 뜻으로 헤아려 보면 매우 온당치 못한 일이네. 마땅히 부형에게 잘 말하여 허락받는 것이 첫째이겠으나, 만약 청했는데도 부형이 들어 주지 않으면 역시 어른의 명령에 따라야지, 경솔히 생각하여 곧바로 자기 생각대로 행해서는 안 될 듯하네(『학봉속집』 4권, 「상퇴계선생문목」).

학봉은 자녀교육에 있어 효경과 소학 같은 책을 가르쳤으며, 독서의 방법에서도 순서를 정하여 단계를 건너뛰지 못하게 했다. 뿐만 아니라 자녀교육에서 중요시한 것은 잘못에 대하여 엄한 벌을 사용하지 않고 오직 훈계하여 스스로 감동하고 깨닫도록 한 것이다.

자손들을 훈계하여 가르침에 있어서는 반드시 먼저 『효경』, 『소학』 같은 책들을 가르쳤으며, 어느 정도 문리가 통한 다음에야 사서를 가르쳤는데, 정연한 순서가 있어서 일찍이 단계를 뛰어넘는 법이 없었다. 자손들에게 잘못이 있으면 심하게 꾸짖지 않고 거듭거듭 타이르고 훈계해서 스스로 감동하여 깨닫도록 했다. 비록 종들을 대해서도 역시 일찍이 괴팍하게 화를 내어 꾸짖은 적이 없었다. 이에 집안 안팎이 즐겁고 화목하여 소리를 높이고 얼굴을 변하는 일이 없어도 모든 일이 저절로 다스려졌다(『학봉속집』 4권, 「잡저」).

또 말씀하시기를,

글을 읽는 요결은 반드시 성현의 말과 행동을 마음에 새기고 침잠하여 묵묵히 완미한 다음에야 바야흐로 함양되어 학문이 진보하는 성과가 있는 것이다. 만약 대충대충 읽고 대강대강 말해 버리고 말 경우, 이는 말마디나 외우고 귀로 듣고 입으로 옮기는 말습에 불과한 것이다. 그러니 비록 천 편의 글을 외우고 머리가 희도록 경전을 떠들어 댄들 무슨 이로움이 있겠는가?(『학봉속집』 4권, 「잡저」).

라고 했다. 즉 독서의 방법은 성현의 말씀과 행동을 마음속에 깊이 침잠하여 완미하는 데에 있다고 했다. 그렇지 않다면 독서라는 것은 쓸모없는 학습에 불과하다고 보았다.

학봉은 제자들에 대하여 사제의 정으로 혹은 학문의 도반으로 공경을 다하여 맞이했다. 이는 친자의 가르침을 받은 옛 선비들의 일상의 예절이기도 하다.

문하의 제자들을 대하기를 마치 친구를 대하듯이 하여 비록 젊은 사람이라도 일찍이 이름을 놓아두고 너라고 부른 적이 없었다. 그리고 맞이하고 전송할 적에는 잘 주선하고 공손함을 다해 공경을 표하였으며, 자리에 좌정하면 반드시 부형의 안부를 물었다(『학봉속집』 5권, 「잡저」).

학봉은 당시의 사회의 개혁을 위해 10조목의 차자를 올렸는데, 교육과 관련된 것은 다음과 같다.

> 두 번째 조목에서 이르기를 "학교를 일으켜서 교화를 밝히는 것입니다. 학교가 부흥하지 않는 원인에는 세 가지가 있습니다. 사도가 서지 않은 것, 사습이 바르지 않은 것, 과거시험에 얽매이는 것입니다."라고 했다(『학봉집』 부록 3권, 「행장」).

즉 당시의 교육개혁 위해서는 학교를 설립하여 백성을 교화시키는 것이 필요하다고 보았다. 그러기 위해서는 사도를 바로 세우고, 선비의 풍속을 바로잡아야 하며, 과거제도를 혁신하는 것이라고 보았다.

4. 퇴계 학문의 창도唱導

전통사회에서 학파를 형성하는데 있어 중요한 요인은 대체로 두 가지로 논의할 수 있다. 하나는 사우관계이며, 다른 하나는 학문적 특징의 공유이다. 또한 전통적인 교육의 형식으로서 스승과 제자가 되는 길은 여러 가지이다. 직접 급문及門하여 배움을 청한 것이 대표적인 형식이지만, 다만 서한으로 문목을 하였거나 사후에까지 정신적으로 의지하며 스승으로 모시는 사숙私淑의 형식도 있다. 이러한 사생관계는 지속적으로 유지되었다.

퇴계학파 중에서 월천과 학봉은 퇴계를 가장 존숭하는 마음으로 모신 제자들이다. 그러다보니 그들은 퇴계에게 학문적 영향을 가장 많이 받았고, 퇴계의 교육적 가르침 또한 지대했다.

퇴계학파의 관심은 성리학의 본질인 인간문제와 실천문제를 중심에 두었다. 이는 퇴계가 후학들에게 교학하고자 했던 핵심이었다. 그래서 월천과 학봉은 심학적인 인간관을 중심으로 질의문답質疑問答하였으며, 이를 통해 성숙인격의 완성과 성현의 길을 끊임없이 추구했다. 또한 월천과 학봉은 일상사에 이루어지는 예학문제뿐만 아니라 독서방법, 제자교육, 학문의 목적, 세자교육, 교육혁신에 관한 차자箚子 등을 스승에게 질문하고 스스로 천착穿鑿하기도 했다.

퇴계는 월천과 학봉에게 젊었을 때는 면학을 권장하였고, 30대에 이르면 강학논변과 인격훈도의 내용을 강조했다. 이러한 퇴계의 가르침을 받은 월천과 학봉은 제자들과 자녀들에게 직접 스승의 가르침을 전수하기도 했다. 이는 오늘날의 교육방법에서 보면 인간의 발달성숙도에 따라 교육이 이루어지는 것과 같은 맥락이라고 볼 수 있다. 그리고 월천과 학봉은 학문의 길에 있어 독서하는 목적이 성현의 말씀과 행동을 마음속에 침잠하고 완미해야한다는 하는 퇴계의 가르침을 실천하기도 했다.

월천과 학봉은 입신과 처신에 있어서도 실천적인 윤리관을 중시하여 수양과 예학에 많은 관심을 가졌다. 또한 월천과 학봉은 당시의 교육개혁을 위해서는 학교를 바로 일으켜서 사도師道를 바로 세우고, 선비의 풍속을 바로잡아야 하며, 과거제도를 혁신하는 것이라고 보았다. 이러한 교육개혁을 위한 제안은 지금의 교육문제에 대한 해결책을 제시하는 하나의 지남指南이 될 수 있다.

참고문헌

『격몽요결』
『논어』
『다산전서』
『도산급문제현록』
『동산문고』
『맹자』
『면암집』
『서경』
『성학십도』
『왕조실록』
『월천집』
『자성록』
『주역』
『중용』
『퇴계선생언행록』
『퇴계전서』
『학봉집』
『한계유고』
『한서』

경북대학교 퇴계학연구소, 『퇴계문하의 인물과 사상』, 서울: 예문서원, 2000.
권오봉, 『퇴계선생 일대기』, 서울: 교육과학사, 1997.
금장태, 『퇴계학파와 이철학의 전개』, 서울: 서울대학교출판부, 2000.
금장태, 『성학십도』와 퇴계철학의 구조, 서울: 서울대출판부, 2001.
금장태, 『퇴계평전』, 서울: 지식과 교양, 2012.
금장태·고광직, 『유학근백년』, 서울: 박영사, 1984.
김건태, 「이황의 가산경영과 치산이재」, 『퇴계학보』 제130집, 서울: 퇴계학연구원, 2011, pp.159~204.
박희병 편역, 『선비들의 공부법』, 서울: 창작과 비평사, 1998.

배종호 역, 『퇴계언행록』, 삼성미술문화재단, 1983.
서용화, 『퇴계의 인간관 연구』, 서울: 학연문화사, 1998.
신귀현, 『퇴계 이황』, 예문서원, 2001.
유명종, 『조선후기 성리학』, 대구: 이문출판사, 1985.
윤사순, 『한국유학사상론』, 서울: 열음사, 1986.
윤사순, 『퇴계 이황의 철학』, 서울: 예문서원, 2013.
이규호, 『앎과 삶』, 연세대출판부, 1985.
이규호, 『교육과 사상』, 서울: 박영사, 1985.
이동기, 『사람됨의 길은 예절이다』, 서울: 보고사, 2013.
이동기, 「퇴계학파의 분석과 교육철학적 의미」, 『철학논총』 제36집, 새한철학회, 2004.
이동기, 「퇴계학파의 교육사상 연구」, 『동아인문학』 제10집, 동아인문학회, 2006.
이동기, 「학봉 김성일의 기록에 나타난 퇴계상」, 『동아인문학』 제28집, 동아인문학회, 2014.
이동기, 「퇴계의 인성교육방법론」, 『동아인문학』 제29집, 동아인문학회, 2014.
이병도, 『한국유학사략』, 서울: 아세아문화사, 1986.
이수건, 『영남사림파의 형성』, 경산: 영남대학교출판부, 1984.
정비석, 『퇴계소전』, 서울: 퇴계학연구원, 1978.
정순목, 『퇴계의 교육철학』, 지식산업사, 1986.
정순목, 『퇴계평전』, 지식산업사, 1989.
정순목, 『퇴계정전』, 서울: 지식산업사, 1992.
정순목, 『영남교육사초』, 경산: 영남대학교출판부, 1983.
정순목, 『조선시대의 교육명저순례』, 서울: 배영사, 1985.
조남국 역, 『성학십도』, 교육과학사, 1990.
최중석 역주, 『이퇴계의 자성록』, 서울: 국학자료원, 2003.
퇴계학총서편간위원회, 『퇴계전서』, 서울: 퇴계학연구원, 1996.
표재명 옮김, 『나와 너』, 서울: 문예출판사, 2001.
한국교육학회, 『인성교육』, 서울: 도서출판 문음사, 1998.
한국사상연구회, 『조선유학의 학파들』, 서울: 예문서원, 1996.
한국인물유학사편찬위원회, 『한국인물유학사』4, 서울: 한길사, 1996.
한국철학사상연구회, 『논쟁으로 보는 한국철학』, 서울: 예문서원, 1995.
한국철학회, 『한국철학사』, 서울: 동명사, 1987
홍승균·이윤희 공역, 『퇴계선생언행록』, 서울: 퇴계학연구원, 2007.

1) 이규호, 『앎과 삶』(서울: 연세대출판부, 1985), p.14.

2) 정순목, 『퇴계의 교육철학』(서울: 지식산업사, 1986), p.227.

3) 이규호, 『교육과 사상』(서울: 박영사, 1985), p.19.

4) 『聖學十圖』는 68세 때인 1568년에 퇴계가 선조 임금에게 올린 성학의 요체(要諦)를 차자(箚子)와 그림으로 설명한 책이며, 58세 때에 발간한 『自省錄』은 퇴계가 그의 제자들에게 쓴 편지를 스스로 성찰하기 위해 모아 놓은 일종의 서간문집이며, 『退溪先生言行錄』은 퇴계 후손인 이수연(李守淵; 1693~1748)이 퇴계 문인들이 기록했던 언행을 엮은 책이다.

5) 금장태, 『성학십도와 퇴계철학의 구조』(서울: 서울대출판부, 2001), p.213.

6) 한국교육학회, 『인성교육』(서울: 도서출판 문음사, 1988), p.16.

7) 이동기, 『사람됨의 길은 예절이다』(서울: 보고사, 2013), p.11.

8) 노블리스오블리제(noblesse oblige) : 사회적 지위에 상응하는 도덕적 의무로서 초기 로마시대에 왕과 귀족들이 보여 준 투철한 도덕의식과 솔선수범하는 공공정신에서 비롯되었다.

9) 정순목, 『퇴계평전』(서울: 지식산업사, 1987), p.41.

10) 윤사순, 『퇴계 이황의 철학』(서울: 예문서원, 2013), p.35.

11) 『聖學十圖』「西銘圖」.

12) 『聖學十圖』「太極圖」.

13) 『聖學十圖』「西銘圖」. 聖其合德, 賢其秀也. 이는 『周易』의 "聖人與天地合其德"에서 나온 말이다.

14) 금장태, 『성학십도와 퇴계철학구조』(서울: 서울대학교출판부, 2001), p.217.

15) 정순목, 『퇴계의 교육철학』(서울: 지식산업사, 1986), p.160.

16) 『書經』 「大禹謨」. 人心惟危, 道心惟微, 惟精惟一, 允執厥中에서 나온 말이다. 이것의 의미는 오로지 하나에 집중하여 중용의 도를 지킨다는 것이다.

17) 『聖學十圖』「心學圖」. 蓋心者一身主宰, 而敬又一心之主宰也.

18) 서용화, 『퇴계의 인간관 연구』(서울: 학연문화사, 1998), pp.142~143.

19) 『自省錄』「答李叔獻」.

20) 『自省錄』「答李叔獻別紙」.

21) 박희병 편역, 『선비들의 공부법』(서울: 창작과 비평사, 1998), p.43. 爲天地立心, 爲生民立道, 爲去聖繼絶學, 爲萬世開太平.

22) 『退溪先生言行錄』「敎人」.

23)『退溪先生言行錄』「學問」.

24)『退溪先生言行錄』「教人」 중에서 金富倫과 金晬의 기록에도 '立志爲先'이라 했다.

25)『自省錄』「答鄭子中」.

26)『聖學十圖』「聖學十圖箚」. 先須立志, 以爲舜何人也, 予何人也, 有爲者亦若是.

27) 이규호는 "교육인간학은 기본적인 인간학뿐만 아니라 더 넓은 의미에서 철학적 인간학에 의존하면서 인간학적인 문제를 교육학적인 전망 아래서 연구하려는 것이다."고 설명했다(이규호, 『교육과 사상』, 서울: 배영사, 1985, p.171).

28)『退溪全書』「答金而精」.

29) 서용화, 『퇴계의 인간관 연구』(서울: 학연문화사, 1998), pp.142~143.

30) 정순목, 『퇴계의 교육철학』(서울: 지식산업사, 1986), p.160.

31) 서용화, 『퇴계의 인간관 연구』(서울: 학연문화사, 1998), p.133.

32)『退溪先生言行錄』「論持敬」.

33)『自省錄』「答李叔獻」.

34)『退溪先生言行錄』「論持敬」.

35)『聖學十圖』「心學圖」.

36)『孟子』「公孫丑(上)」.

37) 윤사순, 『퇴계 이황의 철학』(서울: 예문서원, 2013), p.57.

38) 조존(操存)은 "사람의 마음은 붙잡으면 보존되고 놓으면 달아난다."고 한 것에서 나온 말이다(『孟子』「告子(上)」. 孔子曰, 操則存, 舍則亡).

39) 이 말은 『禮記』의 「學記」에 나온다. 즉 "是故學然後知不足, 教然後知困. 知不足, 然後能自反也. 知困, 然後能自强也. 故曰教學相長也."이다.

40)『退溪先生年譜補遺』 卷1.

41)『自省錄』「答鄭子中」.

42)『自省錄』「答李叔獻」.

43)『自省錄』「答李叔獻」(別紙).

44)『孟子』「盡心(上)」. '存其心養其性', 所以事天也에서 나온 말이다.

45)『聖學十圖』「心通性情圖」.

46)『退溪先生言行錄』「崇正學」.

47)『退溪先生言行錄』「居家」.

48)『退溪先生言行錄』「居家」.

49)李樹健은 전답을 2,953두락으로 파악하였고(『嶺南士林派의 形成』, 경산: 영남대학교출판부, 1990, p.205), 김건태는 전답을 3,000 두락, 노비를 300여 명으로 추론했다(「李滉의 家産經營과 治産理財」, 『退溪學報』 제130집, 서울: 퇴계학연구원, 2011, pp.164~67). 도량형에서 1두락은 1마지기를 나타내므로 퇴계가 소유한 전답의 규모는 상당했다. 그러나 이러한 재산은 당시의 상속법과 분긍 관행(分衿 慣行)에 따른 것이다.

50)『退溪先生言行錄』「家訓」.

51)『退溪先生言行錄』「家訓」.

52)『孟子』「公孫丑(下)」.

53)『禮記』「曲禮(下)」.

54)『退溪先生言行錄』「奉先」.

55)『退溪先生言行錄』「交際」.

56)『論語』「學而」.

57)『退溪先生言行錄』「交際」.

58)『論語』「顔淵」.

59)『禮記』「祭統」. 身致其誠信, 誠信之謂盡, 盡之謂敬, 敬盡然後暇以事神明. 此祭之道也.

60)『退溪先生言行錄』「論禮」.

61)『退溪先生言行錄』「論禮」.

62)『退溪先生言行錄』「論禮」.

63)이상은, 『퇴계의 생애와 학문』(서울: 예문서원, 1999), pp.31~36 참조.

64)정순목, 『퇴계평전』(서울: 지식산업사, 1989), p.66.

65)『退溪先生言行錄』「出處」.

66)『退溪先生言行錄』「出處」.

67)『自省錄』「答奇正字明彦大升」.

68)『退溪先生言行錄』「交際」.

69)표재명 옮김, 『나와 너』(서울: 문예출판사, 2001), p.19.

70)이 책의 제9장 부분의 '학봉의 생애와 학문'에 상세하게 설명하고 있다.

71) 정비석의 『퇴계소전』(서울: 퇴계학연구원, 1978), 정순목의 『퇴계평전』(서

울: 지식산업사, 1986), 권오봉의 『퇴계선생 일대기』(서울: 교육과학사, 1997), 신귀현의 『퇴계 이황』(서울: 예문서원, 2001), 금장태의 『퇴계평전』(서울: 지식과 교양, 2012) 등이다.

72) 『退溪先生言行錄』「講辨」.

73) 丁淳睦, 『退溪正傳』(서울: 지식산업사, 1992), p.19.

74) 『退溪先生言行錄』「交際」.

75) 앞으로 논의될 대표적인 퇴계학파의 사승관계는 이병도(1987)의 『한국유학사』, 한국사상사연구회(1996)의 『조선유학의 학파들』, 정순목(1989)의 『퇴계평전』, 한국국학진흥원(2002)의 『영남지방의 퇴계학맥도』 등을 참조하여 저자가 재구성한 것이다. 同學諸賢의 質正을 바란다.

76) 이병도, 『한국유학사』(서울: 아세아문화사, 1987), pp.287~88.

77) 『月川集』「年譜」.

78) 『月川集』「年譜」.

79) 『月川集』「年譜」.

찾아보기

ㅇ

ㅊ

ㅌ

ㅍ

ㅎ

저자 소개

이동기李東基

경북 예천 출생
영남대학교 교육학과 졸업(교육학 박사)
영남대학교 연구교수 및 객원교수
현재 영남대학교 교양학부 교수

논문 : 〈퇴계학파의 교육사상〉 외 40여편
저서 : 《조선후기 중인교육》 외 다수